Grammatiktraining

Deutsch für B2

Klaus Nissen

AF639790

telc gGmbH
Bad Homburg

Grammatiktraining
Deutsch für B2
Autor Klaus Nissen
Redaktion Kerstin Reisz
Begutachtung Jana Hensch
Listen im Anhang Gabriele Hoff-Nabhani
Layout und Satz Martina Weismann

Weitere Informationen zu unseren Lehrwerken finden Sie unter:
www.telc.net/verlagsprogramm.

3. Auflage[2] 2022

www.telc.net
Printed in Germany

telc Order-Nr.: 4004-TGR-1801A
ISBN: 978-3-946447-23-8

Die wichtigsten Abkürzungen und Symbole

 leichtere Übung

 anspruchsvollere Übung

-- keine Veränderung im Plural (z. B. Becher/--)

--- kein Artikel (z. B. ein Tisch/--- Tische)

Hinweise zur Arbeit mit diesem Grammatiktraining

Mit dem *Grammatiktraining Deutsch für B2* gewinnen Lernende auf der Kompetenzstufe B2 mehr Sicherheit in der richtigen Anwendung der deutschen Grammatik. Jedes Kapitel beginnt mit Übersichtsseiten, auf denen die wichtigsten Regeln zum jeweiligen grammatischen Phänomen in Tabellen und Schaubildern dargestellt sind. Lernende erhalten so zunächst einen Überblick über das Thema. An Beispielsätzen werden die Struktur und die Anwendung deutlich. Diese Seiten eignen sich zum einen zur Vergegenwärtigung und Wiederholung, bevor die Aufgaben gelöst werden, zum anderen aber auch zum Nachschlagen bei Bedarf.

Dieses Grammatiktraining enthält

- Übungen zu allen relevanten Grammatikthemen der Kompetenzstufe B2
- einen Grammatiküberblick zu Beginn jedes Kapitels
- eine Kennzeichnung der Übungen nach Schwierigkeitsgrad
- Lösungen zu allen Aufgaben
- umfrangreiche Listen zum Nachschlagen wichtiger Verben und Wortverbindungen

Das *Grammatiktraining Deutsch für B2* ist sowohl für Selbstlerner als auch für den Einsatz im Unterricht geeignet. Wenn Sie im Kurs mit dem Lehrwerk *Einfach besser! 500 Deutsch für Berufssprachkurse B2 oder Einfach besser! 400 Deutsch für Berufssprachkurse B2* arbeiten, bietet sich das Grammatiktraining als passende Ergänzung an. Die einzelnen Kapitel greifen die im Lehrwerk thematisierten grammatischen Phänomene auf und trainieren diese, auch im berufssprachlichen Kontext. Wenn Sie selbstständig oder auf der Basis anderen Lehrmaterials Ihre Grammatikkenntnisse vertiefen wollen, eignet sich das Grammatiktraining ebenfalls ideal, da es auf alle wichtigen grammatischen Themen der Kompetenzstufe B2 eingeht. Lernende, die eine telc Prüfung der Kompetenzstufe B2 ablegen wollen, gewinnen damit mehr Sicherheit in der Kommunikation.

Erfahrene Kursleiterinnen und Kursleiter haben uns bei der Entwicklung dieses Trainings beraten und unterstützt. Wir freuen uns, Ihnen mit dem telc Grammatiktraining zusätzliches Übungsmaterial vorlegen zu können, das passgenau auf der Kompetenzstufe B2 eingesetzt werden kann.

Allgemeine Tipps zum Grammatiklernen

TIPP 1

Nehmen Sie sich eine Aufgabe aus diesem Grammatiktraining vor. Versuchen Sie, sich an die grammatische Regel zu erinnern, die in der Übung trainiert wird. Notieren Sie sie. Überprüfen Sie erst dann auf den Übersichtsseiten, ob Ihre Regel stimmt.

TIPP 2

Schreiben Sie einen Text ab, der Sie interessiert. Lassen Sie dabei die Verben weg und versuchen Sie später, die richtigen Formen wieder einzusetzen. Hier ein Beispiel aus dem Lehrwerk Einfach besser! 400, Seite 110:

Stärken Sie Ihre Persönlichkeit!

Ein sicheres und souveränes Auftreten und eine positive Ausstrahlung sind heutzutage das A und O im Beruf. Für viele Menschen ist es schwer, ihre Schüchternheit zu überwinden und selbstbewusst auf andere Menschen zuzugehen, die eigenen Ziele klar zu äußern und andere Menschen für sich zu gewinnen. Sie möchten Ihre Selbstzweifel überwinden und mit innerer Ruhe und Gelassenheit Ihre Ziele konsequent verfolgen?

TIPP 3

Wenn Sie eine neue Grammatikregel erlernt und verstanden haben, setzen Sie sie bewusst ein. Haben Sie sich z. B. den Konjunktiv II der Vergangenheit angeeignet, erzählen Sie jemandem von den Wünschen und Träumen Ihrer Kindheit.

TIPP 4

Lernen Sie Nomen-Verb-Verbindungen stets im Zusammenhang und formulieren Sie damit eigene Beispielsätze. So prägen sich die zugehörigen Fälle und Präpositionen leichter ein:

etwas zum Abschluss bringen Akk. zum + Dativ	Wir haben das Projekt erfolgreich zum Abschluss gebracht.

TIPP 5

Lernen Sie Grammatikregeln immer dann, wenn Sie mit ihnen in Kontakt kommen. Wenn Sie einen direkten Bezug zu Ihrer eigenen Sprachverwendung herstellen können, verliert die Grammatik ihre trockene Theorie.

TIPP 6

Hören Sie viel Deutsch – im Radio, im Fernsehen, im Internet. Dadurch prägt sich der korrekte Satzbau ein und Sie verbessern Ihr Sprachgefühl.

Trennbare Verben und nicht trennbare Verben

Trennbare Verben	
Präsens: Verbstamm auf Position II und Präfix am Ende	*Malaika kauft für das Altstadthotel Altona ein.*
Perfekt: Partizip II mit -***ge***- zwischen Präfix und Verbstamm	*Fadi ist zweisprachig auf**ge**wachsen.*
Imperativ: Präfix am Ende	*Packen Sie die Waren aus!* *Komm bitte mal her!*
***zu* + Infinitiv:** *zu* zwischen Präfix und Verbstamm	*Vergessen Sie bitte nicht, Betriebsfeiern rechtzeitig anzumelden.*
Verben mit diesen Präfixen sind immer trennbar	*ab-, an-, auf-, aus-, ein-, fest-, mit-, nach-, her-, hin-, vor-, weg-, zu-, zurück-, …*
Nicht trennbare Verben	
Präsens: Verb (mit Präfix) auf Position II	*Fayyad bekommt oft Besuch von seinen Nachbarn.*
Perfekt: Partizip II ohne -***ge***-	*Toma hat eine Technikerschule besucht.*
Imperativ: wie bei Verben ohne Präfix	*Bestätigen Sie bitte die Bestellung!* *Verkauft euer altes Auto!*
***zu* + Infinitiv:** wie bei Verben ohne Präfix	*Sie haben die Möglichkeit, unsere Produkte im Internet zu bestellen.*
Verben mit diesen Präfixen sind nicht trennbar	*be-, ent-, ver-, zer-* (außerdem: *emp-, er-, ge-, hinter-, miss-*)
Trennbar oder nicht trennbar?	
Das **Präfix** ist betont:	überziehen
Dann ist das Verb trennbar.	*Ich ziehe mir einen Pullover über.*
Das Partizip II hat ein -***ge***-.	*Ich habe mir einen Pullover über**ge**zogen.*
Imperativ	*Zieh dir einen Pullover über!*
Oder:	
Das Präfix ist **un**betont:	überziehen
Dann ist das Verb nicht trennbar.	*Ich überziehe mein Konto.*
Das Partizip II hat **kein** -***ge***-.	*Ich habe mein Konto überzogen.*
Imperativ	*Überzieh bloß nicht dein Konto!*
Meistens **trennbar**	*durch-, um-, wieder-:* *Lesen Sie den Arbeitsvertrag genau durch!*
Meistens **nicht trennbar**	*über-, unter-, wider-:* *Dimitra hat die Patientenakten überprüft.*

Modalverben

Präsens

	können	dürfen	müssen	sollen	wollen	mögen	möcht-*
ich	kann	darf	muss	soll	will	mag	möchte
du	kannst	darfst	musst	sollst	willst	magst	möchtest
er/sie/es	kann	darf	muss	soll	will	mag	möchte
wir	können	dürfen	müssen	sollen	wollen	mögen	möchten
ihr	könnt	dürft	müsst	sollt	wollt	mögt	möchtet
sie/Sie	können	dürfen	müssen	sollen	wollen	mögen	möchten

*Die Formen ich *möchte, du möchtest, er/sie/es möchte* etc. sind Konjunktiv II von *mögen*.

Präteritum

	können	**dürfen**	**müssen**	**sollen**	**wollen**	**mögen**
ich	konnte	durfte	musste	sollte	wollte	mochte
du	konntest	durftest	musstest	solltest	wolltest	mochtest
er/sie/es	konnte	durfte	musste	sollte	wollte	mochte
wir	konnten	durften	mussten	sollten	wollten	mochten
ihr	konntet	durftet	musstet	solltet	wolltet	mochtet
sie/Sie	konnten	durften	mussten	sollten	wollten	mochten

Es gibt keine Vergangenheitsform von *möcht-*.
Für *möcht-* in der **Gegenwart**

Toma geht zum Bäcker, denn er möchte ein Brötchen kaufen.

nimmt man *wollen* in der **Vergangenheit**.

Toma ging zum Bäcker, denn er wollte ein Brötchen kaufen.

Perfekt

Für die Vergangenheit benutzt man für die Modalverben meistens das **Präteritum**.

Fadi war gestern krank und musste zum Arzt.
Toma konnte in seiner Heimatstadt keine Arbeit finden.

Man kann aber auch das **Perfekt** benutzen.
Bei Modalverben **ohne Infinitiv** steht das **Partizip II** am Ende.

Fadi war gestern krank und hat zum Arzt gemusst.

Partizip II der Modalverben

können – gekonnt | *sollen – gesollt*
dürfen – gedurft | *wollen – gewollt*
mussen – gemusst | *mogen – gemocht*

Bei Modalverben **mit Infinitiv** stehen **zwei Infinitive** am Ende.

Toma hat in seiner Heimatstadt keine Arbeit finden können.

Subjektiver Gebrauch

Mit bestimmten Modalverben kann man seine **Vermutung für die Gegenwart** abstufen – von *Ich bin ganz sicher.* bis *Ich halte das für unmöglich.*

100 %

0 %

Toma muss jetzt schon im Hotel sein.
Toma müsste jetzt schon im Hotel sein.
Toma dürfte jetzt schon im Hotel sein.
Toma kann jetzt schon im Hotel sein.
Toma könnte jetzt schon im Hotel sein.
Toma mag jetzt schon im Hotel sein.
Toma dürfte jetzt noch nicht im Hotel sein.
Toma kann jetzt noch nicht im Hotel sein.

Bei einer **Vermutung für die Vergangenheit** benutzt man diese Modalverben mit **Infinitiv** und **Perfekt** (= **Partizip II + *haben/sein***).

100 %

0 %

Tobias muss einen Fehler gemacht haben.
Tobias müsste einen Fehler gemacht haben.
Tobias dürfte einen Fehler gemacht haben.
Tobias kann einen Fehler gemacht haben.
Tobias könnte einen Fehler gemacht haben.
Tobias mag einen Fehler gemacht haben.
Tobias dürfte keinen Fehler gemacht haben.
Tobias kann keinen Fehler gemacht haben.

zu + Infinitiv

Verben mit *zu* + Infinitiv

anfangen, aufhören, versuchen, planen, hoffen, vergessen, bitten, …	*Nhan hat angefangen Deutsch zu lernen.* *Wir bitten Sie, den Betrag bis zum 24. Juni zu überweisen.*

Besondere Verben/Ausdrücke mit *zu* + Infinitiv

sein (≈ müssen)	*Die Arbeitszeiten sind einzuhalten.*
sein (≈ können)	*Die Heizungsanlage ist nicht mehr zu reparieren.*
haben (≈ müssen)	*Fayyads Kollegen haben viel zu tun.*
brauchen + Negation (≈ nicht müssen)	*Im Büro braucht man keine Arbeitsschuhe zu tragen.*
es ist + Adjektiv	*Es ist ganz leicht, den Kopierer zu bedienen.*
Zeit, Lust, Angst … + haben	*Malaika hat im Moment keine Zeit, Kleider zu nähen.*

Verben mit Infinitiv (ohne *zu*)

Modalverben	*Toma und Tobias wollen im Hotel essen.*
lassen	*Toma lässt sich das Navigationsgerät erklären.*
gehen, fahren, kommen, bleiben, schicken	*Toma geht gern angeln.* *Wann fährst du einkaufen?*

Reflexive Verben

Das Reflexivpronomen steht meistens im **Akkusativ**.	*Ich ziehe mich nach dem Duschen an.* (kein Akkusativ-Objekt)
Wenn es ein **Akkusativ-Objekt** (wen? / was?) gibt, steht das Reflexivpronomen im **Dativ**.	*Auf der Baustelle ziehe ich mir Schutzkleidung an.* (*Schutzkleidung* = Akkusativ-Objekt)
Den Unterschied kann man nur bei **mich/mir** und **dich/dir** erkennen, alle anderen Formen sind gleich.	*Sie wäscht sich.* (Akkusativ) *Sie wäscht sich die Haare.* (Dativ)

	ich	du	er/sie/es	wir	ihr	sie/Sie
Akkusativ Dativ	**mich** **mir**	**dich** **dir**	**sich**	**uns**	**euch**	**sich**

Das Reflexivpronomen steht …

… bei trennbaren Verben **in der Mitte**,	*Pedro stellt sich vor.*
… **nach** Position II (Subjekt auf Position I),	*Der neue Mitarbeiter hat sich gestern vorgestellt.*
… **vor oder nach** Nomen oder Namen,	*Gestern hat sich Anita vorgestellt.* *Gestern hat Anita sich vorgestellt.*
… **nach** Personalpronomen.	*Gestern hat er sich vorgestellt.*

1 Trennbare Verben und nicht trennbare Verben: Präsens und Perfekt

a Ergänzen Sie die Verben in der richtigen Form.

1 Wann *bucht* die Hausverwaltung die Miete *ab* ? (abbuchen)

2 *Verfällt* mein Urlaubsanspruch auch dann *–*, wenn ich krank war? (verfallen)

3 Herr Dietz, ... Sie den Lkw bitte noch vor der Mittagspause ....? (beladen)

4 Tobias und Toma .... die neue Lieferung .... (einräumen)

5 Die Kundenbetreuung .... Reklamationen und Beschwerden .... (bearbeiten)

6 Im Recycling-Café .... wir neue Produkte aus Müll .... (herstellen)

7 Wie .... man beim Navigationsgerät die Route ....? (festlegen)

8 Wann .... Sie den Lieferwagen ....? (entladen)

b Ergänzen Sie das Partizip II.

1 Wann haben Sie Ihre Berufsausbildung *abgeschlossen* ? (abschließen)

2 Hast du die Waren für die Kunden schon ....? (einpacken)

3 Wir haben die Pakete schon gestern .... (verschicken)

4 Ich habe hier alle Informationen .... (auflisten)

5 Meine Freundin hat sich bei einem Ausflug den linken Fuß .... (verstauchen)

6 Die Mitarbeiter haben den Brand sofort .... (bekämpfen)

7 Haben Sie die Telefonnummer ....? (aufschreiben)

8 Hat das Amt deinen Antrag ....? (genehmigen)

> trennbare Verben:
> Partizip II **mit *-ge-***
> nicht trennbare Verben:
> Partizip II **ohne *-ge-***

2 Trennbare Verben und nicht trennbare Verben: Imperativ

Schreiben Sie die Bitten im Imperativ.

1 Können Sie bitte morgen früher anfangen?

....

2 Kannst du bitte am Vormittag die Lieferungen annehmen?

....

3 Können Sie bitte neue Waren bestellen?

....

4 Könnt ihr bitte am Wochenende die Küche aufräumen?

....

3 Trennbare Verben und nicht trennbare Verben: *zu* + Infinitiv

Ergänzen Sie die Sätze mit *zu* + Infinitiv.

abbauen | ~~einhalten~~ | beantragen | freihalten | bestellen | befolgen

1 Die Hausordnung ist *einzuhalten* .
2 Es ist sinnvoll, frühzeitig Urlaub ....
3 Sie haben die Möglichkeit, online ....
4 Es ist nicht so leicht, Überstunden ....
5 Die Ladezone ist ....
6 Die Arbeitsanweisungen sind ....

4 Trennbar oder nicht trennbar?

a Welche Verben sind trennbar, welche nicht? Notieren Sie.

~~durchführen~~ | durchgehen | durchhalten | überarbeiten | überleben | überprüfen | überwachen | überwinden | umfassen | umkehren | umschulen | umsehen | umsetzen | unterscheiden | untersuchen | unterteilen | unterziehen | widerrufen | widersprechen | wiederfinden

trennbare Verben: Präfix ist **betont**
nicht trennbare Verben: Präfix ist **nicht betont**

trennbar	nicht trennbar
durchführen	

b Ergänzen Sie das Partizip II.

1 Wie viele Personen haben das Busunglück *überlebt* ? (überleben)
2 Hast du der Kündigung .... ? (widersprechen)
3 Toma und Tobias sind noch einmal die Baupläne mit dem Architekten .... (durchgehen)
4 Die Ärztin hat den Patienten nach dem Unfall .... (untersuchen)
5 Haben wir jetzt die Finanzkrise .... ? (überwinden)
6 Rabia hat ihren Schlüssel im Rucksack .... (wiederfinden)
7 Toma hat die Ventile der Heizungsanlage .... (überprüfen)
8 Die Touristen haben sich in der Altstadt .... (umsehen)
9 Haben Sie den Text schon .... ? (überarbeiten)
10 Wir haben alle Vorgaben der Geschäftsführung .... (umsetzen)

5 Modalverben: Präsens und Präteritum

a Was passt nicht? Streichen Sie durch.

1 **Können / ~~Wollen~~** wir das Auto auf dem Parkplatz hinter dem Hotel parken?

2 Der Architekt hat gesagt, wir **wollen / sollen** die Baupläne in den Keller bringen.

3 Wir können losfahren, ich **muss / darf** nur noch das Reiseziel eingeben.

4 **Darf / Soll** man im Restaurant rauchen?

5 **Muss / Möchte** man hier einen Helm tragen?

6 **Dürfen / Können** Sie morgen eine Stunde früher zur Arbeit kommen?

7 Hassan, **sollst / kannst** du mir bitte beim Entladen des Transporters helfen?

8 Wir **möchten / können** den Termin leider nicht auf Dienstag verschieben. Da bin ich im Urlaub.

9 Wir **dürfen / müssen** zuerst die Heizkörper wieder anschrauben, vorher **können / müssen** wir keinen Probelauf im ganzen Haus starten.

> **wollen/möchten** = Bitte, Wunsch, Plan
> **können** = Möglichkeit, Fähigkeit, Erlaubnis, Verbot
> **müssen** = Regel/Aufgabe, Notwendigkeit
> **dürfen** = Erlaubnis, Verbot
> **sollen** = Aufforderung

b Präsens oder Präteritum? Ergänzen Sie die Verben in der richtigen Form.

Toma und Tobias haben letzte Woche eine neue Heizungsanlage installiert.

1 Zuerst m *usste* Tobias das Werkzeug aus dem Lieferwagen holen.

2 Toma sagte: „K.................... du bitte die Montageanleitung auf die Therme im Keller legen?"

3 Tobias w.................... schon mit der Arbeit anfangen, aber Toma m.................... noch erst mit den Aufträgen zum Architekten und die Baupläne holen.

4 Tobias fragte: „S.................... ich schon mal die Heizungsanschlüsse an den Wänden markieren?"

5 Toma meinte: „Nein, wir m.................... erst die Baustellenlampe montieren, dann k.................... wir die Heizkörper in den Räumen verteilen."

6 Um 10.00 Uhr w.................... der Architekt mit den beiden den Arbeitsablauf besprechen.

7 Endlich, um 10.30 Uhr, k.................... Toma und Tobias eine Pause machen.

6 Modalverben: Perfekt

a Schreiben Sie die Sätze im Perfekt.

1 Mochtest du als Kind Spinat? *Hast du als Kind Spinat gemocht?*

2 Fadi konnte schon als Kind zwei Sprachen. ....

3 Wollte der Chef das so? ....

4 Ana musste zum Arzt. ....

5 Durftest du nicht zur Party? ....

b Schreiben Sie die Sätze im Perfekt.

1 Anita konnte gestern nicht zur Arbeit kommen, ihr Kind war krank.

Anita hat gestern nicht zur Arbeit kommen können, ihr Kind war krank.

2 Hedda Aziz musste aus Damaskus fliehen.

3 Musstest du gestern noch lange arbeiten?

4 Wollte der Chef das so haben?

5 Konntet ihr im Hotel essen?

6 Konnten Sie auf der Veranstaltung Kontakte knüpfen?

7 Modalverben: Subjektiver Gebrauch

a Vermutungen in der Gegenwart. Markieren Sie die Adverbien und schreiben Sie die Sätze mit Modalverb.

ganz sicher / bestimmt = **muss**
sehr wahrscheinlich = **müsste**
wahrscheinlich/vermutlich = **dürfte**
vielleicht = **kann/könnte/mag**

1 Warum geht der Umsatz unserer Firma zurück? – Das liegt ganz sicher an unserem schlechten Marketing.

Das muss an unserem schlechten Marketing liegen.

2 Wir müssen mehr verkaufen! – Das ist vermutlich nicht so leicht.

3 Hast du den Wäschekorb gesehen? – Der steht bestimmt schon unten im Keller.

4 Heddas Kinder suchen Kontakt mit Deutschen und sind deshalb im Sportverein. – Ja, das ist wahrscheinlich eine gute Möglichkeit.

5 Wo ist Toma? – Er ist sehr wahrscheinlich schon bei unserem Kunden vor Ort.

6 Die Kinder sind mittags immer sehr müde. – Das liegt vielleicht am Schulstress.

b Vermutungen in der Vergangenheit. Markieren Sie die Adverbien und schreiben Sie die Sätze mit Modalverb.

1 Warum hat Malaika Rührei und kein Spiegelei serviert? – Wahrscheinlich hat Malaika die Bestellung nicht richtig verstanden.

Malaika dürfte die Bestellung nicht richtig verstanden haben.

2 Wo ist denn Herr Meier? – Vielleicht hat er unseren Termin vergessen.

....

3 Malaika hat in ihrer Heimat mit ihrer Mutter Kleider genäht und verkauft. – Das ist bestimmt schwer gewesen.

....

4 Wer hat denn die Hotelzimmer gebucht? – Das war vermutlich Hedda.

....

8 *zu* + Infinitiv

a Was passt? Markieren Sie.

1 Sie hat auf Wünsche der Gäste **reagieren / zu reagieren**.

2 Bleiben Sie doch **sitzen / zu sitzen**!

3 Es gehört zu Dimitras Aufgaben, neues Personal **finden / zu finden**.

4 Ich rate Ihnen, nichts Unüberlegtes **tun / zu tun**!

5 Vergessen Sie bitte nicht, zum Feierabend alle Fenster im Büro **zumachen / zuzumachen**!

6 Wo lassen Sie Ihr Auto **reparieren / zu reparieren**?

7 Wann geht ihr **spazieren / zu spazieren**?

8 Wann wollt ihr **spazieren gehen / spazieren zu gehen**?

b Ergänzen Sie *zu* oder –.

1 Musst du morgen ..–.. arbeiten?

2 Brauchst du morgen nicht ..zu.. arbeiten?

3 Für Dimitra ist es nicht so leicht, Vollzeit .... arbeiten und für ihre Familie da .... sein.

4 Ihre Kinder gehen für sie ein .... kaufen.

5 Für Fadi war es nicht so schwer, Deutsch .... lernen.

6 Ich habe versucht, eine Stelle in der Tourismusbranche .... finden.

7 Toma musste in seiner Firma gleich richtig mit .... arbeiten.

8 Ich habe heute noch viel .... tun.

c Infinitiv mit *zu* oder Infinitiv ohne *zu*? Ergänzen Sie die Sätze.

lernen | helfen | kennenlernen | abholen | ~~sein~~ | stören | erreichen

1 Er scheint müde *zu sein* .
2 Ich habe leider keine Zeit, dir beim Umzug ……………… .
3 Es ist gar nicht so leicht, Deutsch ……………… .
4 Lassen Sie sich nicht ……………… !
5 Haben Sie noch einmal versucht, Herrn Schmidt ……………… ?
6 Freut mich, Sie ……………… !
7 Ich komme dich nach der Schule ……………… .

9 Reflexive Verben

a Welches Verb passt? Ergänzen Sie das Partizip II.

aufschreiben | erkundigen | machen | ~~vorbereiten~~ | vorstellen

1 Ich habe mich gut auf das Kundengespräch *vorbereitet* .
2 Ich habe mich den Nachbarn höflich ……………… .
3 Ich habe mich nach den Wünschen meines Gesprächspartners ……………… .
4 Ich habe mir Notizen ……………… .
5 Ich habe mir seine E-Mail-Adresse ……………… .

b Ergänzen Sie: *mich, dich, sich, sich, sich, sich, uns, euch.*

1 Der Händler interessiert *sich* für Taschen und Schuhe aus Südamerika.
2 Wo genau hat ……………… der schreckliche Unfall ereignet?
3 Hast du ……………… gut auf das Gespräch vorbereitet?
4 Die Gewerkschaft konnte ……………… mit ihren Forderungen nicht durchsetzen.
5 Toma hat ……………… den neuen Nachbarn vorgestellt.
6 Können wir ……………… auf Sie verlassen?
7 Diese Preise beziehen ……………… auf unser aktuelles Herbstprogramm.
8 Habt ihr ……………… schon mit dem Problem beschäftigt?
9 Ich freue ……………… auf heute Abend!

c Ergänzen Sie *mir/mich* oder *dir/dich*.

1 Kann ich mich auf dich verlassen?
2 Ich habe mir die Telefonnummer des Kunden notiert.
3 Ich habe .... auf der Messe umgesehen.
4 Setz .... doch!
5 Setz .... einen Helm auf!
6 Ich kann .... seinen Namen einfach nicht merken.
7 Gib .... bitte etwas mehr Mühe!
8 So habe ich .... den Alltag in Deutschland nicht vorgestellt.
9 Ich habe .... der Leiterin des Kindergartens vorgestellt.

Hat das Verb ein Akkusativ-Objekt, steht das Pronomen im Dativ: Ich wasche **mir** die Hände.

d Was ist richtig? Kreuzen Sie an. Manchmal gibt es zwei Möglichkeiten.

1 a ☐ Bei der Arbeit musste **mich** ich heute konzentrieren.
b ☒ Bei der Arbeit musste ich **mich** heute konzentrieren.
c ☐ Bei der Arbeit musste ich heute **mich** konzentrieren.

2 a ☐ Vor dem Gespräch musste **sich** Toma gut vorbereiten.
b ☐ Vor dem Gespräch musste Toma **sich** gut vorbereiten.
c ☐ Vor dem Gespräch musste Toma gut **sich** vorbereiten.

3 a ☐ Hat **sich** der Bewerber schon in der Personalabteilung gemeldet?
b ☐ Hat der Bewerber **sich** schon in der Personalabteilung gemeldet?
c ☐ Hat der Bewerber schon **sich** in der Personalabteilung gemeldet?
d ☐ Hat der Bewerber schon in der Personalabteilung **sich** gemeldet?

4 a ☐ Entschuldigung, wo kann **sich** man hier anmelden?
b ☐ Entschuldigung, wo kann man **sich** hier anmelden?
c ☐ Entschuldigung, wo kann man hier **sich** anmelden?

5 a ☐ Bei meiner Prüfung habe **mir** ich sehr viel Mühe gegeben.
b ☐ Bei meiner Prüfung habe ich **mir** sehr viel Mühe gegeben.
c ☐ Bei meiner Prüfung habe ich sehr viel Mühe **mir** gegeben.

6 a ☐ Vor einem Elterngespräch soll **sich** man Notizen machen.
b ☐ Vor einem Elterngespräch soll man **sich** Notizen machen.
c ☐ Vor einem Elterngespräch soll man Notizen **sich** machen.

Perfekt

Partizip II	
ge + … + t/et	
regelmäßige Verben und Mischverben ohne Präfix	*kaufen* ➞ ***ge**kauf**t**,* *denken* ➞ ***ge**dach**t***
Verbstamm auf **-d** oder **-t** mit extra **-e** (auch Verben wie *atmen*, *rechnen* etc.)	*reden* ➞ ***ge**red**et**,* *rechnen* ➞ ***ge**rechn**et***
…ge + … + t/et	
trennbare regelmäßige Verben und Mischverben	*einkaufen* ➞ *ein**ge**kauf**t**,* *wegrennen* ➞ *weg**ge**rann**t***
… + t	
nicht trennbare regelmäßige Verben und Mischverben	*bezahlen* ➞ *bezahl**t**,* *verbrennen* ➞ *verbrann**t***
Verben auf ***-ieren***	*telefonieren* ➞ *telefonier**t***
ge + … + en	
unregelmäßige Verben ohne Präfix	*ziehen* ➞ ***ge**zog**en***
…ge + … + en	
trennbare unregelmäßige Verben	*losfahren* ➞ *los**ge**fahr**en***
… + en	
nicht trennbare unregelmäßige Verben	*beheben* ➞ *behob**en***
Perfekt mit *haben* oder *sein*	
Die meisten Verben bilden das **Perfekt mit *haben***:	*Anita hat nach dem Studium geheiratet.*
– Verben mit **Akkusativ-Objekt** (wen?/was?)	*Toma hat eine Technikerschule besucht.*
– **reflexive** Verben	*Nhan hat sich um einen Studienplatz beworben.*
– **Modalverben**	*Toma hat gleich richtig mitarbeiten müssen.*
Das **Perfekt mit *sein*** ist nur möglich **ohne Akkusativ-Objekt**.	*Jannis ist nach Berlin gezogen.* (**aber:** *Der Zahnarzt hat den Zahn gezogen.*)
– ***sein*** bei **Bewegung von A nach B**	*Tobias und Toma sind auf Montage gefahren.* (**aber:** *Toma hat den Transporter hinter das Hotel gefahren.*)
– ***sein*** bei einer **Veränderung**	*Fayyad ist gestern Abend spät eingeschlafen.* (**aber:** *Er hat nur drei Stunden geschlafen.*)
– ***sein*** bei einigen anderen Verben	*sein* ➞ *ist gewesen,* *bleiben* ➞ *ist geblieben,* *werden* ➞ *ist geworden,* *passieren* ➞ *ist passiert,* *geschehen* ➞ *ist geschehen,* *auffallen* ➞ *ist aufgefallen,* *einfallen* ➞ *ist eingefallen*
Perfekt im Satz	
haben (im Präsens) auf Position II **oder** ***sein*** (im Präsens) auf Position II	*Fadi hat Architektur studiert.* *Hedda ist nach Deutschland geflohen.*
Partizip II am Ende	*Nhan hat in seiner Heimat Abitur gemacht.*

Präteritum

regelmäßige Verben
Signal für Präteritum: **-t-**
ich und *er/sie/es* mit Endung **-e**
unregelmäßige Verben
ich und *er/sie/es* **ohne Endung**
Vokalwechsel (*fahr-* → *fuhr-*)
Mischverben
Signal für Präteritum: **-t-**
ich und *er/sie/es* mit Endung **-e**
Vokalwechsel (*renn-* → *rann-*)

	regelmäßig	**unregelmäßig**	**Mischverben**
	machen	**fahren**	**rennen**
ich	mach**te**	f**u**hr	r**a**nn**te**
du	mach**test**	f**u**hr**st**	r**a**nn**test**
er/sie/es	mach**te**	f**u**hr	r**a**nn**te**
wir	mach**ten**	f**u**hr**en**	r**a**nn**ten**
ihr	mach**tet**	f**u**hr**t**	r**a**nn**tet**
sie/Sie	mach**ten**	f**u**hr**en**	r**a**nn**ten**

Präteritum und Perfekt

Beide Zeiten, Perfekt und Präteritum, benutzt man für die **Vergangenheit**.
Toma hat eine Technikerschule besucht.
Toma besuchte eine Technikerschule.

Beim **Sprechen** und in privaten Briefen oder E-Mails benutzt man meistens **Perfekt**.
– *Was hast du gestern gemacht?*
– *Ich bin in die Stadt gefahren und habe mich mit Malaika getroffen.*

Für ***sein***, ***haben*** und die **Modalverben** nimmt man meistens **Präteritum**.
Sie hatte endlich mal Zeit.
Wir wollten zusammen ins Kino gehen.

Beim **Schreiben** benutzt man meistens **Präteritum**.
1492 fuhr Kolumbus mit drei Schiffen in Richtung Westen und entdeckte Amerika.

Plusquamperfekt

Man benutzt das Plusquamperfekt für eine Aktion, die **vor einer Aktion in der Vergangenheit** (im Präteritum oder Perfekt) liegt. (**Vorzeitigkeit**)
Toma und Tobias fuhren auf Montage. Davor hatten sie den Lieferwagen beladen.
(zuerst: *Lieferwagen beladen*; dann: *auf Montage fahren*)

haben (im Präteritum) auf Position II **oder**
sein (im Präteritum) auf Position II
Partizip II am Ende
Die Regeln für ***haben*** und ***sein*** sind wie beim **Perfekt**.
Fadi hatte Architektur studiert.
Hedda war nach Deutschland geflohen.
Nhan hatte in seiner Heimat Abitur gemacht.
Jannis war nach Berlin gezogen.
(**aber:** *Der Zahnarzt hatte den Zahn gezogen.*)

Für die Vorzeitigkeit in der **Vergangenheit** benutzt man **Plusquamperfekt**.
Fadi war zwei Semester in den Niederlanden, nachdem er in seiner Heimat Architektur studiert hatte.

Für die Vorzeitigkeit im **Präsens** benutzt man **Perfekt**.
Nhan will Medizin studieren, wenn er genügend Deutsch gelernt hat.

Futur I

Absicht	*Ich werde einen Englischkurs an der VHS Altona belegen.*
Versprechen	*Ich werde dir das Geld nächsten Monat zurückgeben.*
Vermutung/Prognose (Zukunft)	*2050 wird es mehr Plastik als Fische in den Ozeanen geben.*
Vermutung (Gegenwart)	*Wer ruft denn noch so spät an? Das wird Malaika sein, sie hat doch heute Spätschicht.*

1 Perfekt mit *haben*

a Ergänzen Sie die Tabelle.

Infinitiv	Partizip II	Infinitiv	Partizip II
besuchen	*besucht*	übersetzen	
finden		arbeiten	
heiraten		machen	
anfangen		studieren	
gefallen		jobben	

b Schreiben Sie die Sätze im Perfekt.

1 besuchen | eine Technikerschule | Toma

In Rumänien *hat Toma eine Technikerschule besucht* .

2 als Ingenieurin in Damaskus | arbeiten

Hedda Aziz .

3 einen Kita-Platz für ihre Tochter | Maria | finden

Vor etwa zwei Wochen .

4 machen | Abitur | in seiner Heimat

Nhan .

5 Anita | heiraten | ihren Freund

Nach dem Studium .

6 für andere Flüchtlinge auf dem Amt | Fadi | übersetzen

In Deutschland .

7 gut | ihm | gefallen

Das .

8 studieren | Architektur | Fadi

In seiner Heimat .

9 du | machen | am Wochenende

Was ?

10 vor drei Jahren | in einem Supermarkt | jobben

Stefanie .

11 anfangen | als Verkäufer in einem Elektromarkt

Fayyad .

2 Perfekt mit *sein*

a Ergänzen Sie die Tabelle.

Infinitiv	Partizip II	Infinitiv	Partizip II
bleiben	geblieben	sein	
auftreten		aufsteigen	
werden		geschehen	
aussterben		ankommen	
leichtfallen		passieren	

b Schreiben Sie die Sätze im Perfekt.

1 einige Jahre | bleiben | ich | zu Hause
Nach der Geburt meiner Kinder bin ich einige Jahre zu Hause geblieben.

2 gestern | sein | Sie
Herr Popescu, wo ……………………………………?

3 endlich | ankommen | mein Paket
Heute Morgen …………………………………….

4 werden | Diplom-Ingenieurin
Hedda …………………………………….

5 Dimitra | zur Sachbearbeiterin | aufsteigen
Vor drei Jahren …………………………………….

6 auftreten | dieses Problem | zum ersten Mal
Wann ……………………………………?

7 aussterben | der Beruf des Schriftsetzers
Etwa 1998 …………………………………….

8 geschehen | gestern Abend
Was ……………………………………?

9 nicht | mir | leichtfallen | am Anfang
Der Unterschied zwischen „Du" und „Sie" …………………………………….

10 in der Schule | Filiz | gestern | passieren
Was ……………………………………?

11 dagegen sein | die Chefin
Wir wollten eine neue Pausenregelung, aber …………………………………….

3 Perfekt mit *haben* oder *sein*

a Ergänzen Sie das Partizip II und *haben* oder *sein* in der richtigen Form.

1 Haben Sie die Sicherheitsvorschriften beachtet ? (beachten)

2 Warum .... Toma und Tobias noch einmal ....? (umkehren)

3 Auf dem Wintermarkt war es sehr kalt und wir ....(frieren)

4 Oje! Unsere Getränke ....(einfrieren)

5 Ich .... gestern einen alten Bekannten .... (treffen), aber sein Name .... mir nicht ....(einfallen)

b Ergänzen Sie das Partizip II und *haben* oder *sein* in der richtigen Form.

1 Gestern .... es im Lager einen Arbeitsunfall ....(geben)

2 Tobias .... auf einer Leiter ....(stehen*)

3 Plötzlich .... er das Gleichgewicht .... (verlieren) und .... von der Leiter ....(fallen)

4 Er .... völlig benommen auf dem Boden ....(liegen*)

5 Toma .... sofort einen Krankenwagen ....(rufen)

6 Schon nach sechs Minuten .... der Krankenwagen .... (kommen) und .... Tobias ins Krankenhaus ....(bringen)

7 Toma .... den Gabelstapler schnell ins Lager .... (fahren) und .... dann auch mit seinem Auto ins Krankenhaus ....(fahren)

8 Zum Glück .... Tobias nichts Schlimmes ....(passieren)

9 Aber der Arzt im Krankenhaus .... ihn für den Rest der Woche .... (krankschreiben)

10 Toma .... Tobias nach Hause ....(bringen)

11 Tobias .... sich ins Bett .... (legen) und .... sofort ....(einschlafen)

12 Er .... über zehn Stunden .... (schlafen) und .... mit Kopfschmerzen ....(aufwachen)

13 Aber die Schmerztabletten aus dem Krankenhaus .... ihm gut ....(helfen)

14 Tobias .... Toma .... (anrufen) und sich bei ihm für seine Hilfe ....(bedanken)

> ***stehen / liegen**: In Süddeutschland, Österreich und der Schweiz wird das Perfekt mit *sein* gebildet.

4 Präteritum

a Ergänzen Sie die Sätze im Präteritum.

Tobias Schmidt
Lessingstraße 93
22087 Hamburg
Telefon: 040 / 912806

Berufsgenossenschaft Hamburg
Herrn Anton Lüders
Sachsenstraße 182

20097 Hamburg

Hamburg, 23.05.20xx

Schilderung Arbeitsunfall am 18.05.20xx

Sehr geehrter Herr Lüders,

in Ihrem Schreiben vom 21.05.20xx bitten Sie mich, den genauen Ablauf meines Arbeitsunfalls zu schildern.

Ich *arbeitete* (arbeiten) an diesem Tag mit meinem Kollegen Toma Popescu im Lager der Firma *Sanitär Möller*. Wir ....1............ gegen 10.15 Uhr eine neue Lieferung ....2............ (einräumen). Während mein Kollege Popescu die Lieferscheine ....3............ (kontrollieren), ...4............ (steigen) ich auf eine Leiter, weil ich eine Kiste ins Regal stellen ....5............ (wollen). Plötzlich ....6............ (verlieren) ich das Gleichgewicht. Ich ....7............ (schlagen) mit dem Kopf gegen das Regal und ....8............ (fallen) zu Boden. Dort ....9............ (liegen) ich dann mit einer blutenden Wunde am Kopf. Mein Kollege ....10............ (rufen) sofort den Notarzt. Der Krankenwagen ....11............ (kommen) kurz darauf und ....12............ (bringen) mich ins Krankenhaus. Der Arzt ....13............ bei mir eine leichte Gehirnerschütterung ....14............ (feststellen). Ich ....15............ (werden) für den Rest der Woche krankgeschrieben.

Für weitere Fragen stehe ich Ihnen jederzeit zur Verfügung.

Mit freundlichen Grüßen

Tobias Schmidt

b Ergänzen Sie die Sätze im Präteritum.

Köhler – ein ausgestorbener Beruf

Heute kennen wir das Wort Köhler nur noch als Familiennamen. Aber früher *war* (sein) Köhler ein Beruf. Für die Verhüttung von Eisen und bei der Herstellung von Glas ....1.......... (werden) hohe Temperaturen benötigt. Dafür ....2.......... (brauchen) man Holzkohle. Der Köhler ....3.......... (setzen) Holzstücke zu einem Haufen, der die Form eines Kegels hatte. Diesen Haufen ....4.......... (nennen) man „Kohlenmeiler". Dann ....5.......... er einen mit Holzspänen gefüllten Feuerschacht ....6.......... (anlegen) und ....7.......... (bedecken) alles luftdicht mit Gras und Erde. Er ....8.......... (entzünden) den Meiler, und bei einer Temperatur von ca. 300°C ....9.......... der Verkohlungsprozess ....10.......... (einsetzen). Dieser Prozess ....11.......... (dauern) etwa eine Woche. Der Köhler ....12.......... (müssen) ständig darauf achten, dass die Temperatur konstant ....13.......... (bleiben). Wenn der Rauch grau ....14.......... (sein), ...15.......... (sein) das Holz noch nicht fertig. Blauer Rauch ....16.......... eine gute Verkohlung ....17.......... (anzeigen). Aus 1000 kg Holz ....18.......... (können) man etwa 200 kg Holzkohle gewinnen. Die Köhler ....19.......... (führen) ein hartes und einsames Leben, denn sie ....20.......... (leben) in der Nähe des Meilers im Wald. Schlafmangel und Brandverletzungen ....21.......... (gehören) zum Alltag. Bis ins 16. Jahrhundert ....22.......... (stehen) die Köhler außerhalb der Gesellschaft, sie ....23.......... (haben) einen schlechten Ruf, und der Beruf des Köhlers ....24.......... (gelten) als unehrenhaft. Ab dem 19. Jahrhundert ....25.......... (werden) immer weniger Holzkohle gebraucht, denn man ....26.......... (benutzen) mehr und mehr Steinkohle für die Eisenverhüttung.

5 Plusquamperfekt

a Bilden Sie Sätze mit *nachdem.*

> ***nachdem*** immer mit Plusquamperfekt

1 Zuerst: Tobias hat das Werkzeug aus dem Lieferwagen geholt.
Dann: Er hat die Heizungsrohre vor die Hauswand gelegt.

Nachdem Tobias das Werkzeug aus dem Lieferwagen geholt hatte, hat er die Heizungsrohre vor die Hauswand gelegt.

2 Zuerst: Er hat die Heizungsrohre vor die Hauswand gelegt. Dann: Er hat die Kabeltrommel neben den Bohrhammer gestellt.

....

....

3 Zuerst: Er hat die Kabeltrommel neben den Bohrhammer gestellt. Dann: Er legte die Montageanweisung auf die Therme im Keller.

4 Zuerst: Er legte die Montageanweisung auf die Therme im Keller. Dann: Er hat die Plane ausgelegt.

5 Zuerst: Er hat die Plane ausgelegt. Dann: Er hat die Heizkörper verteilt.

6 Zuerst: Er hat die Heizkörper verteilt. Dann: Er hat eine Pause mit Toma gemacht.

b Plusquamperfekt oder Perfekt? Ergänzen Sie die Sätze.

1 Fayyad belegte einen Fernlehrgang, nachdem er (die Kündigung erhalten)

die Kündigung erhalten hatte.

2 Sie können den Akku ins Akkufach legen, nachdem Sie (die Rückseite öffnen)

Plusquamperfekt:
Vorzeitigkeit in der Vergangenheit

Perfekt:
Vorzeitigkeit im Präsens

3 Die Mitarbeiter bestimmen jemanden, der das Protokoll schreibt, nachdem sie (festlegen, wer die Besprechung leitet)

4 Herr Moussa hatte eine Anstellung in einer Kfz-Reparaturwerkstatt, in der er (schon als Schüler jobben)

5 Dimitra schrieb eine Beschwerde an das Altstadthotel, weil sie (sich über den schlechten Service aufregen)

6 Herr Nguyen bekommt eine Zahlungserinnerung, weil er (die Rechnung noch nicht bezahlen)

c Gleichzeitigkeit oder Vorzeitigkeit? Kreuzen Sie an.

> **Gleichzeitigkeit:**
> Präsens ↔ Präsens
> Perfekt ↔ Perfekt

1 Wenn ich online bestelle,
- a [X] zahle ich per Lastschrift.
- b [ ] habe ich per Lastschrift bezahlt.

2 Wir können bei Ihnen eine Heizungsanlage einbauen,
- a [ ] wenn wir die Räume sehen.
- b [ ] wenn wir die Räume gesehen haben.

3 Frau Jiménez und Herr Breitner kommen zum heutigen Thema,
- a [ ] nachdem sie über das Wetter sprechen.
- b [ ] nachdem sie über das Wetter gesprochen haben.

4 Dimitra Papadopoulou war beim Frühstück schlecht gelaunt,
- a [ ] weil sie in der Nacht nur wenig geschlafen hatte.
- b [ ] weil sie in der Nacht nur wenig schlief.

5 Maria war nicht beim Sport,
- a [ ] weil sie müde war.
- b [ ] weil sie müde gewesen war.

6 Wohnen Sie in Hamburg?
- a [ ] Ja, ich habe seit zwei Jahren in Hamburg gewohnt.
- b [ ] Ja, ich wohne seit zwei Jahren in Hamburg.

6 Futur I

> **Vermutung/Prognose**
> mit Futur I

a Schreiben Sie die Sätze im Futur I.

1 Es regnet gleich.

Es wird gleich regnen.

2 Dimitra Papadopoulou stammt aus Griechenland.

....

3 In fünfzig Jahren fahren alle mit Elektroautos.

....

4 Hedda ist krank.

....

5 Die Controlling-Abteilung in Unternehmen wird immer wichtiger.

....

b Schreiben Sie die Sätze im Futur I.

Absicht/Versprechen
mit Futur I

1 Ich studiere nach meinem Sprachkurs Medizin.

Ich werde nach meinem Sprachkurs Medizin studieren.

2 So etwas kommt nie wieder vor.

....

3 Unsere Mitarbeiter sind in Zukunft pünktlich.

....

4 Wir informieren Sie rechtzeitig.

....

c Gute Vorsätze. Schreiben Sie Sätze im Futur I.

nicht jeden Abend fernsehen | immer den Müll runterbringen | ~~weniger Alkohol trinken~~ | regelmäßig Sport machen | mit dem Rauchen aufhören | sich gesünder ernähren

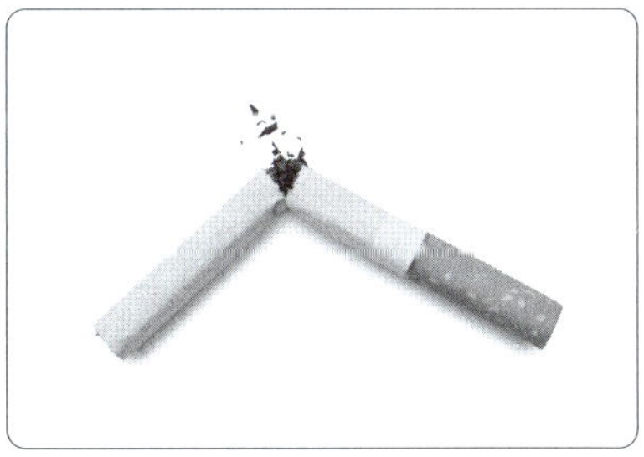

1 *Ich werde weniger Alkohol trinken.*

2 ....

3 ....

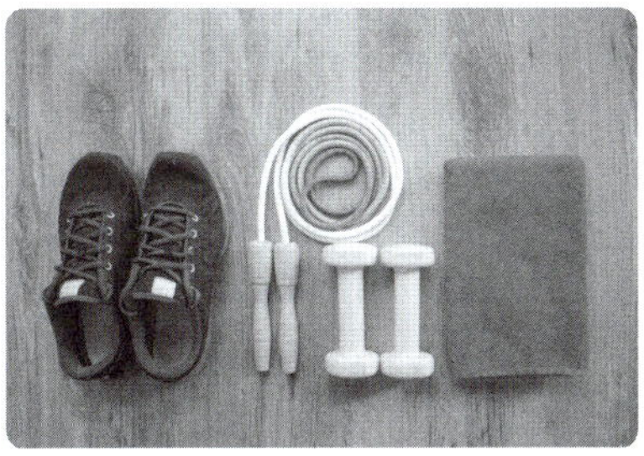

4 ....

5 ....

6 ....

Passiv Präsens

werden (Präsens) auf Position II	*Der Schichtplan wird geändert.*
Partizip II am Ende	*Die Patientenakten werden überarbeitet.* *Auf Station 223 wird der Schichtplan geändert.*

	werden (Präsens)
ich	werde
du	wirst
er/sie/es	wird
wir	werden
ihr	werdet
sie/Sie	werden

Passiv Präteritum

werden (Präteritum) auf Position II	*Der Schichtplan wurde geändert.*
Partizip II am Ende	*Die Patientenakten wurden überarbeitet.*

	werden (Präteritum)
ich	wurde
du	wurdest
er/sie/es	wurde
wir	wurden
ihr	wurdet
sie/Sie	wurden

Passiv Perfekt

sein (Präsens) auf Position II	*Der Schichtplan ist geändert worden.*
Partizip II + *worden* am Ende	*Die Patientenakten sind überarbeitet worden.*

Passiv mit Modalverben

Präsens:	
Modalverb (Präsens) auf Position II	*Der Schichtplan muss geändert werden.*
Partizip II + *werden* (Infinitiv) am Ende	*Die Patientenakten müssen überarbeitet werden.*
Präteritum:	
Modalverb (Präteritum) auf Position II	*Der Schichtplan musste geändert werden.*
Partizip II + *werden* (Infinitiv) am Ende	*Die Patientenakten mussten überarbeitet werden.*

Passiv mit *von* und *durch*

Wenn man das Passiv benutzt und trotzdem die ausführende Person nennen möchte, nimmt man ***von* + Dativ** (direkt).	*Die neue Heizungsanlage wird von Toma und Tobias installiert.*
Bei einer auslösenden Sache benutzt man ***durch* + Akkusativ** (indirekt).	*Das Haus wurde durch ein Feuer zerstört.*

Aktiv oder Passiv?

Wenn **Person und Aktion** wichtig sind, benutzt man **Aktiv**.	*Toma und Tobias installieren die neue Heizungsanlage.*
Wenn **nur die Aktion** wichtig ist, benutzt man das **Passiv**.	*Die neue Heizungsanlage wird installiert.*
Man benutzt das **Passiv**,	
– wenn die **Person unbekannt** ist.	*Das Haus wurde 1927 erbaut.*
– wenn die **Person unwichtig** ist.	*Ihr Auto wird bis morgen repariert.*
– wenn man die **Person nicht nennen** möchte.	*Mir wurde erzählt, dass Sie oft sehr lange Pausen machen.*

Umformung von Aktiv in Passiv

Das **Akkusativ-Objekt** (wen?/was?) im Aktiv-Satz wird zum **Subjekt** (wer?/was?) im Passiv-Satz (**Akkusativ** wird zu **Nominativ**)	Aktiv: *Frau Papadopoulou hat den Schichtplan geändert.* Passiv: *Der Schichtplan ist geändert worden.*
Wenn es im Aktiv-Satz **kein Akkusativ-Objekt** gibt, entsteht ein **Passiv-Satz ohne Subjekt**. *werden* steht dann immer im Singular.	Aktiv: *Nhan hilft den alten Menschen.* Passiv: *Den alten Menschen wird geholfen.*

sein + Partizip II (Zustandspassiv)

Präsens: ***sein*** (im Präsens) auf Position II **Partizip II** am Ende	 *Der Rechnungsbetrag ist überwiesen.* *Die Pausenzeiten sind neu geregelt.*
Präteritum: ***sein*** (im Präteritum) auf Position II **Partizip II** am Ende	 *Die Alarmanlage war eingeschaltet.* *Das Büro war geschlossen.*
Das Zustandspassiv bezeichnet einen neuen Zustand **nach einer Veränderung**.	alter Zustand: *Es ist dunkel.* Veränderung: *Ich schalte das Licht an.* neuer Zustand: *Das Licht ist angeschaltet.*
sein + Partizip II funktioniert **wie *sein* + Adjektiv**.	*Die Tür ist weiß.* (sein + Adjektiv) *Die Tür ist geschlossen.* (sein + Partizip II)

1 Passiv Präsens

a Ergänzen Sie die Sätze im Passiv Präsens.

Autos reparieren | Fußball spielen | neue Produkte vorstellen | alte Menschen betreuen | ~~Bücher verkaufen~~ | Pizzas backen

1 In einer Buchhandlung *werden Bücher verkauft.*

2 In einer Pizzeria ……

3 In einem Stadion ……

4 In einem Seniorenheim ……

5 In einer Kfz-Werkstatt ……

6 Auf einer Messe ……

b Schreiben Sie Sätze im Passiv Präsens.

1 im Internet | immer mehr Waren | bestellen
Heute *werden immer mehr Waren im Internet bestellt* .

2 in Deutschland | nicht anerkennen
Mein Diplom …… .

3 zusammenzählen | alle Punkte
Am Ende des Spiels …… .

4 kaufen und nicht lesen
Viele Bücher …… .

5 anzünden | viele Kerzen
Zur Weihnachtszeit …… .

6 nicht ausschließen | von der Polizei
Ein Verbrechen …… .

7 abholen | von deinen Eltern | du
Wann …… ?

8 Maschinenteile | herstellen
In unserer Firma …… .

9 buchstabieren | Ihr Name
Wie …… ?

10 liefern | am Freitag
Das Paket mit Ihrer Bestellung …… .

2 Passiv Präteritum

Was war wann? Schreiben Sie Sätze im Passiv Präteritum.

1 in Deutschland das erste soziale Krankenversicherungssystem der Welt errichten

1883 *wurde in Deutschland das erste soziale Krankenversicherungssystem der Welt errichtet.*

2 das Frauenwahlrecht in Deutschland einführen

1918 ……

3 Deutschland in vier Besatzungszonen aufteilen

1945 ……

4 die Bundesrepublik Deutschland gründen

1949 ……

5 die Berliner Mauer bauen

1961 ……

6 Ost- und Westdeutschland zu einem Staat vereinigen

1990 ……

7 Angela Merkel zur Bundeskanzlerin wählen

2005 ……

8 ein Gesetz zum Mindestlohn beschließen

2015 ……

3 Passiv Perfekt

Was ist vorher passiert? Schreiben Sie Sätze im Passiv Perfekt.

drucken | wischen | reparieren | informieren | renovieren | reinigen | bearbeiten | ~~erneuern~~ | nachfüllen

1 Die Heizungsanlage funktioniert wieder. *Die Heizungsanlage ist erneuert worden.*

2 Das Auto ist wieder in Ordnung. ……

3 Der Pausenraum ist sauber. ……

4 Die Prospekte für die Messe sind angekommen. ……

5 Die Wohnung sieht aus wie neu. ……

6 Die Kollegen wissen Bescheid. ……

7 Der Boden ist noch feucht. ……

8 Es ist wieder Seife im Seifenspender. ……

9 Der Bericht liegt vor. ……

4 Passiv mit Modalverben

Schreiben Sie die Antworten im Passiv mit Modalverben.

1 Muss ich den Vertrag innerhalb einer Woche unterschreiben?
Ja, der Vertrag muss innerhalb einer Woche unterschrieben werden.

2 Konnten Sie den Antrag rechtzeitig abgeben?
Ja, ……

3 Darf man unsere Chefin duzen?
Ja, ……

4 Können Sie die Lohnabrechnungen bis Mittwoch machen?
Ja, ……

5 Müssen wir den Pausenraum aufräumen?
Ja, ……

6 Konnten Sie das Paket pünktlich liefern?
Nein, ……

7 Müssen wir den Lieferwagen noch heute beladen?
Ja, ……

8 Musstet ihr das Auto in die Werkstatt bringen?
Nein, ……

5 Passiv mit *von* und *durch*

a Ergänzen Sie *von / vom* oder *durch*.

> ***von*** (+ Dativ) nennt die ausführende Person
> ***durch*** (+ Akkusativ) nennt die auslösende Sache

1 Alleinerziehende werden durch das neue Gesetz finanziell entlastet.
2 Die Kinder werden von ihren Eltern zur Schule gebracht.
3 Die Tochter wird morgens immer …… ihrem Vater geweckt.
4 Die Bibliothek wurde …… ein Feuer zerstört.
5 Der Name des Künstlers wurde …… niemandem erwähnt.
6 Die Klassenarbeiten werden …… Lehrer korrigiert.
7 Das Versteck wurde …… den Hinweis eines Anwohners gefunden.
8 Tim ist …… einem Hund gebissen worden.
9 Das Medikament Penicillin wurde nur …… Zufall entdeckt.
10 Das Penicillin wurde …… Alexander Fleming entdeckt.

b *von / vom* oder *durch*? Schreiben Sie Sätze.

1 Im 15. Jahrhundert wurde der moderne Buchdruck erfunden. (Johannes Gutenberg)
Im 15. Jahrhundert wurde der moderne Buchdruck von Johannes Gutenberg erfunden.

2 Das Bild wurde 1907 gemalt. (Pablo Picasso)

3 Der verletzte Autofahrer ist gerettet worden. (eine Operation)

4 Die Idee ist abgelehnt worden. (der Chef)

5 Die Eltern sind zum Gespräch gebeten worden. (die Lehrerin)

6 Das Gebäude wurde beschädigt. (ein Sturm)

7 Der Computer wurde zerstört. (ein Virus)

8 In der letzten Nacht wurde das Eingangstor der Firma gerammt. (ein Lkw)

6 Aktiv oder Passiv?

Was passt besser? Aktiv (a) oder Passiv (b)? Kreuzen Sie an.

1 a ☐ Vor ca. 6000 Jahren erfand ein Mensch das Rad.
b ☒ Vor ca. 6000 Jahren wurde das Rad erfunden.

2 a ☐ Ich lese jeden Morgen die Zeitung.
b ☐ Die Zeitung wird jeden Morgen von mir gelesen.

3 a ☐ Ein Fahrraddieb stahl gestern Nacht mein Fahrrad.
b ☐ Mein Fahrrad wurde gestern Nacht gestohlen.

4 a ☐ Toma hat eine Technikerschule in Rumänien besucht.
b ☐ Eine Technikerschule in Rumänien ist von Toma besucht worden.

5 a ☐ Tobias muss noch den Lieferwagen volltanken.
b ☐ Der Lieferwagen muss noch von Tobias vollgetankt werden.

6 a ☐ Bauarbeiter rissen den alten Bahnhof 2013 ab.
b ☐ Der alte Bahnhof wurde 2013 abgerissen.

7 a ☐ Malaika hat Arbeit im Altstadthotel gefunden.
b ☐ Arbeit ist von Malaika im Altstadthotel gefunden worden.

7 Umformung von Aktiv in Passiv

Schreiben Sie Sätze im Passiv. Achten Sie auf die Zeiten.

> **Akkusativ** wird im Passiv-Satz zu **Nominativ**. Ein Aktiv-Satz ohne Akkusativ-Objekt wird zum Passiv-Satz ohne Subjekt.

1 Man überarbeitete die Patientenakten.
Die Patientenakten wurden überarbeitet.

2 Man gratuliert der Mitarbeiterin.
……………………………………………

3 Auf der Betriebsfeier tanzte man.
……………………………………………

4 Man musste die alte Heizungsanlage reparieren.
……………………………………………

5 Man kann einen Fehler bei der Installation nicht ausschließen.
……………………………………………

6 Wie soll man dieses Problem lösen?
……………………………………………

8 *sein* + Partizip II (Zustandspassiv)

a *sein* + Adjektiv und *sein* + Partizip II. Ergänzen Sie die Sätze.

geputzt | leer | geschlossen | ~~schmutzig~~ | offen | eingerichtet

alter Zustand		Veränderung		neuer Zustand
	→		→	
1 Die Fenster *sind schmutzig.*		Stefanie putzt die Fenster.		Die Fenster ……………
	→		→	
2 Das Zimmer ……………		Hedda und ihr Mann richten das Zimmer ein.		Das Zimmer ……………
	→		→	
3 Die Tür ……………		Fadi schließt die Tür.		Die Tür ……………

b Schreiben Sie Sätze mit *sein* + Partizip II im Präsens.

> Bei *sein* + Partizip II wird keine ausführende Person genannt.

1 Die Firma Sanitär Möller hat die Abflussrohre verlegt.
Die Abflussrohre sind verlegt.

2 Elektro Hansen hat den Stromzähler angeschlossen.
....

3 Man hat das Waschbecken im Bad noch nicht installiert.
....

4 Elektro Hansen hat die Steckdosen montiert.
....

5 Die Tischler haben die Wohnzimmerfenster eingebaut.
....

6 Die Maler haben die Wände im Schlafzimmer gestrichen.
....

7 Sanitär Möller hat die Heizkörper angebracht.
....

8 Man hat noch nicht die neue Haustür geliefert.
....

c Schreiben Sie Sätze mit *sein* + Partizip II im Präteritum.

umknicken | beeinträchtigen | ~~beschädigen~~ | überfluten | einstürzen | abdecken

1 Einige Autos
waren beschädigt.

2 Zahlreiche Dächer
....

3 Viele Bäume
....

4 Ältere Gebäude
....

5 Einige Straßen
....

6 Die Stromversorgung
....

Konjunktiv II der Gegenwart

Den **Konjunktiv II** benutzt man, um z. B. Wünsche, Ratschläge, Vorschläge und Höflichkeit auszudrücken. Für **diese Verben** benutzt man **die folgenden Konjunktiv-II-Formen:**

Ich wäre gern im Urlaub. Ich hätte gern mehr Freizeit.

	sein	**haben**	**werden**	**können**	**dürfen**
ich	wäre	hätte	würde	könnte	dürfte
du	wär(e)st	hättest	würdest	könntest	dürftest
er/sie/es	wäre	hätte	würde	könnte	dürfte
wir	wären	hätten	würden	könnten	dürften
ihr	wär(e)t	hättet	würdet	könntet	dürftet
sie/Sie	wären	hätten	würden	könnten	dürften

	müssen	**mögen**	**wollen***	**sollen***	**wissen**
ich	müsste	möchte	wollte	sollte	wüsste
du	müsstest	möchtest	wolltest	solltest	wüsstest
er/sie/es	müsste	möchte	wollte	sollte	wüsste
wir	müssten	möchten	wollten	sollten	wüssten
ihr	müsstet	möchtet	wolltet	solltet	wüsstet
sie/Sie	müssten	möchten	wollten	sollten	wüssten

*Die Formen von *wollen* und *sollen* sind ohne Umlaut!

Man hört in der Umgangssprache auch oft: *ich bräuchte, du bräuchtest, ...* (von *brauchen*).

Ich bräuchte deine Hilfe.

Für **alle anderen Verben** benutzt man normalerweise ***würd-* + Infinitiv**.

Ich würde das nicht so machen.

Konjunktiv II der Vergangenheit

hätt- oder ***wär-*** auf Position II (Regeln für *hätt-* und *wär-* wie beim Perfekt)

Ich hätte das Auto nicht gekauft.
Wir wären gern nach Mallorca geflogen.

Partizip II am Ende

Wir hätten gern mehr Zeit gehabt.

Modalverb ohne Infinitiv:
Partizip II am Ende

Das hätte ich als Kind nicht gedurft.

Modalverb mit Infinitiv:
Infinitiv + Infinitiv am Ende

Das hätte ich als Kind nicht machen dürfen.

Konjunktiv II für irreale Bedingungen, irreale Wünsche

Es gibt irreale Bedingungen **mit *wenn*** und irreale Bedingungen **ohne *wenn***.

Wenn ich eine Million Euro hätte, würde ich ein großes Schiff kaufen.
Sollten Sie mit unseren Produkten nicht zufrieden sein, rufen Sie uns an!

Ebenso gibt es irreale Wünsche **mit *wenn*** und irreale Wünsche **ohne *wenn***.

Wenn ich doch eine Million Euro hätte!
Hätte ich nur eine Million Euro!

Bei irrealen Wünschen muss man ***doch, nur, bloß, doch nur*** oder ***doch bloß*** benutzen.

Wärst du doch bloß nicht so schnell gefahren!

Konjunktiv II für irreale Vergleiche

irrealer Vergleich mit *(so), als ob …*	*Er ist mein Kollege, aber er tut so, als ob er der Chef wäre.*

Konjunktiv II für Ratschläge, Vorschläge, Höflichkeit

Ratschläge (mit *sollt-*)	*Du solltest unbedingt zum Arzt gehen.*
Vorschläge (mit *könnt-*)	*Sie könnten mal in unserer Kundenbetreuung nachfragen.*
Höflichkeit	*Könnten/Würden Sie mir Ihren Kugelschreiber geben?* *Dürfte ich Sie zum Essen einladen?* *Ich hätte gern 200 g von dem Käse.* *Ich möchte einen Antrag auf Wohngeld stellen.* *Ich würde gern mit Frau Schulz sprechen.*

Konjunktiv I der Gegenwart

Weil man den Konjunktiv I (fast) nur für die **indirekte Rede** benutzt, sind nur die Formen für die **dritte Person** wichtig.	*Was hat der Außenminister gesagt?* *Der Außenminister hat gesagt, er sei mit der Situation unzufrieden.*
Dritte Person **Singular**: **Verbstamm + e**.	*Er sagte, er habe keine Zeit.* *Sie sagte, sie könne erst später kommen.* *Der Politiker meinte, er fahre bald in die Türkei.* *Der Fußballer sagte, er lese nicht viele Bücher.*
Dritte Person **Plural**: Die Formen sind (außer bei *sein*) identisch mit dem Indikativ. Deshalb nimmt man hier den **Konjunktiv II**.	*Die Anwälte sagten, sie hätten wichtige Beweise.* *Die Wissenschaftlerinnen meinten, sie könnten noch keine Prognose abgeben.* *Die Astronauten sagten, sie würden vielleicht schon bald zum Mond fliegen.*
Nur das Verb ***sein*** hat eigene Formen für die dritte Person Singular und Plural: *er/sie/es sei* *sie/Sie seien*	 *Der Zeuge sagte, er sei ahnungslos.* *Die Minister sagten, sie seien sich einig.*

Konjunktiv I der Vergangenheit

mit ***haben*** (*haben*/*sein*-Regeln wie beim Perfekt)	Singular: *Sie sagte, sie habe wenig geschlafen.* Plural: *Sie sagten, sie hätten wenig geschlafen.*
mit ***sein***	Singular: *Er sagte, er sei nach Köln gefahren.* Plural: *Sie sagten, sie seien nach Köln gefahren.*
mit **Modalverb** (immer mit *haben*)	Singular: *Sie sagte, sie habe früh gehen müssen.* Plural: *Sie sagten, sie hätten früh gehen müssen.*

1 Konjunktiv II der Gegenwart

Ergänzen Sie die richtige Form des Konjunktiv II der Gegenwart.

1 Der neue Wohnzimmerschrank ist so groß, dass er beinahe nicht durch die Tür gepasst hätte. (haben)

2 Es ______ nett, wenn du mir kurz helfen ______. (sein / können)

3 Ich ______ gern mehr Zeit. (haben)

4 Als ob ich das nicht ______! (wissen)

5 Selbst wenn ich Millionär ______, ______ ich dieses schreckliche Bild nicht kaufen. (sein / werden)

6 Deine Haare sehen ja fürchterlich aus! Du ______ mal zum Friseur gehen. (sollen)

7 Es sieht so aus, als ob es gleich regnen ______. (werden)

8 Fast ______ ein Unfall passiert. (sein)

9 An deiner Stelle ______ ich das nicht gemacht. (haben)

10 Wenn ich Zeit ______, ______ ich mit meinem Kollegen sprechen. (haben / können)

2 Konjunktiv II der Vergangenheit

Im Nebensatz mit ***wenn*** steht das konjugierte Verb am Ende.

Ergänzen Sie die richtige Form des Konjunktiv II der Vergangenheit.

1 Wenn Anita keinen deutschen Mann kennengelernt hätte, wäre sie nicht nach Deutschland gegangen. (kennenlernen / gehen)

2 Wenn wir rechtzeitig ______ ______, ______ wir nicht zu spät ______. (losgehen / kommen)

3 Wenn man Heddas Diplom nicht ______ ______, ______ sie nicht ohne Probleme eine Arbeit ______. (anerkennen / finden)

4 Wenn Fadi nicht Englisch und Holländisch ______ ______, ______ es für ihn nicht so leicht ______, Deutsch zu lernen. (sprechen / sein)

5 Wenn die Wohnung einen Balkon ______ ______, ______ wir sie ______. (haben / mieten)

6 Wenn die Nachbarn gestern Nacht nicht so laut ______ ______, ______ ich besser ______ ______. (sein / schlafen können)

7 Wenn ich Zeit ______, ______ ich dich ______. (haben / besuchen)

8 Wenn Herr Meier früher ______ ______, ______ er nicht im Stau ______. (losfahren / stehen)

3 Konjunktiv II für irreale Bedingungen

a Konjunktiv II der Gegenwart mit *wenn.* Ergänzen Sie die Sätze.

1 (sie nicht um 5.00 Uhr aufstehen)

Wenn Malaika ihren Sohn nicht um 6.30 Uhr in die Kita bringen müsste,
würde sie nicht um 5.00 Uhr aufstehen.

2 (er nicht von Übersetzungen leben können)

Wenn Fadi nicht viele Sprachen sprechen würde, ……

3 (sie Zeit für Hobbys haben)

Wenn Dimitra nicht Vollzeit arbeiten würde, ……

4 (ich dich besuchen können)

Wenn ich Zeit hätte, ……

5 (wir sie einstellen)

Wenn die Bewerberin Englisch sprechen würde, ……

6 (du fliegen können)

Wenn du ein Vogel wärst, ……

7 (ich mich konzentrieren können)

Wenn meine Kollegen nicht so laut wären, ……

8 (er Kinder bekommen können)

Wenn Fadi eine Frau wäre, ……

9 (wir den ganzen Tag spielen können)

Wenn wir noch Kinder wären, ……

b Schreiben Sie Sätze mit dem Konjunktiv II der Gegenwart ohne *wenn.*

1 Weil das Altstadthotel einen guten Service hat, kommen so viele Gäste.
Hätte das Altstadthotel keinen guten Service, würden nicht so viele Gäste kommen.

2 Weil das Auto so alt ist, kaufe ich es nicht.

……

3 Weil ich nicht weiß, welche Probleme du hast, kann ich dir nicht helfen.

……

4 Weil Sie die Ware nicht sofort bezahlen, können wir Ihnen keinen Rabatt gewähren.

……

5 Weil es Standards gibt, kann man die Qualität der Produkte garantieren.

……

c Schreiben Sie Sätze mit *wenn* und dem Konjunktiv II der Vergangenheit.

1 Herr Meier früher losfahren | er nicht im Stau stehen

Wenn *Herr Meier früher losgefahren wäre, hätte er nicht im Stau gestanden.*

2 ich keinen Unfall haben | ich in Urlaub fahren können

Wenn ...

3 ich Urlaub bekommen | ich nach Spanien fliegen können

Wenn ...

4 der Arzt den Patienten nicht sofort operieren | er sterben

Wenn ...

5 Herr Müller wissen, wie der Wasserkocher funktioniert | er ihn reparieren

Wenn ...

6 der Fahrstuhl nicht kaputt sein | wir die Treppe nehmen müssen

Wenn ...

7 der Bürgermeister die Baugenehmigung bekommen | er das Schwimmbad bauen

Wenn ...

d Schreiben Sie Sätze aus 3c mit dem Konjunktiv II der Vergangenheit ohne *wenn*.

1 *Wäre Herr Meier früher losgefahren, hätte er nicht im Stau gestanden.*

2 ...

3 ...

4 ...

5 ...

6 ...

7 ...

4 Konjunktiv II für irreale Wünsche

a Schreiben Sie Sätze mit *wenn* und dem Konjunktiv II. Benutzen Sie auch *doch, bloß, nur*.

> Bei diesen Wunschsätzen muss man ***doch***, ***bloß***, ***nur***, ***doch bloß*** oder ***doch nur*** benutzen. Die Bedeutung ist gleich.

1 Ich habe vergessen, mein Smartphone mitzunehmen.
Wenn ich doch nicht vergessen hätte, mein Smartphone mitzunehmen!

2 Die Reise nach Australien ist so teuer.

3 Wir müssen so viele Überstunden machen.

4 Ich habe den Fehler gemacht, mich zu spät zu bewerben.

5 Man muss in der Kantine so lange warten.

6 Das Wetter hier ist so schlecht.

7 Ich wusste nicht, dass man hier nicht parken darf.

8 Die Unterrichtsstunde ist noch nicht zu Ende.

b Schreiben Sie Sätze aus 4a mit dem Konjunktiv II ohne *wenn*. Benutzen Sie auch *doch, bloß, nur*.

1 *Hätte ich doch nicht vergessen, mein Smartphone mitzunehmen!*

2

3

4

5

6

7

8

c Schreiben Sie Sätze mit *Ich wünschte, ...* und dem Konjunktiv II wie im Beispiel.

1 eine Prinzessin sein
Ich wünschte, ich wäre eine Prinzessin.

2 jetzt am Strand liegen

3 das schöne Auto kaufen können

4 wie ein Vogel fliegen können

5 jetzt noch nicht aufstehen müssen

6 nicht so ängstlich sein

7 noch besser Deutsch sprechen können

8 mehr Geld haben

5 Konjunktiv II für irreale Vergleiche

Schreiben Sie Sätze mit *so, als ob* ... und dem Konjunktiv II wie im Beispiel.

1 (Du hast gestern nicht lange gefeiert.)
Aber deine Stimme klingt *so, als ob du gestern lange gefeiert hättest.*

2 (Er hat mich verstanden.)
Er tut

3 (Es gibt eine Krise.)
Der Präsident tut

4 (Ich habe die ganze Nacht geschlafen.)
Aber ich fühle mich

5 (Tobias ist nicht erkältet.)
Beim Anruf in seiner Firma tut er

6 (Meine Waschmaschine ist kein Flugzeug.)
Meine kaputte Waschmaschine klingt

7 (Sie ist nicht meine Vorgesetzte.)
Sie benimmt sich

6 Konjunktiv II für Ratschläge, Vorschläge, Höflichkeit

a Schreiben Sie Ratschläge mit dem Konjunktiv II wie im Beispiel.

> zum Friseur gehen | im Tierheim nachfragen | ~~zum Arzt gehen~~ | nicht zum Vorstellungsgespräch gehen | mit deinem Chef sprechen | aufräumen | den Müll runterbringen | verkaufen | gesünder ernähren

1 Mit deinem Husten *solltest du zum Arzt gehen.*

2 Du bekommst zu wenig Lohn?

3 Wie sieht denn dein Zimmer aus?

4 Ist dein Auto schon wieder kaputt?

5 Deine Haare sind ja viel zu lang!

6 Mit dieser zerrissenen Hose

7 Du hast gesundheitliche Probleme?

8 Dein Hund ist weggelaufen?

9 In deiner Küche riecht es nicht besonders gut!

b Schreiben Sie Vorschläge mit dem Konjunktiv II wie im Beispiel.

1 wir | ins Kino gehen
Wir könnten ins Kino gehen.

2 wir | die Teambesprechung auf morgen verschieben

3 du | mit deinen Kollegen über das Problem sprechen

4 wir | einen Ausflug machen

5 du | eine andere Stelle suchen

c Schreiben Sie höfliche Fragen mit dem Konjunktiv II wie im Beispiel.

1 Geben Sie mir bitte Ihren Kugelschreiber.
Könnten/Würden Sie mir Ihren Kugelschreiber geben?

2 Helfen Sie mir bitte beim Ausfüllen des Antrags.
....

3 Erklär mir bitte die Hausaufgaben.
....

4 Räumen Sie bitte das Materiallager auf.
....

5 Rufen Sie mich bitte im Laufe des Nachmittags zurück.
....

d Ergänzen Sie die Sätze.

Wären Sie so nett | Ich hätte gern | Hättest | Möchten | ~~Könnte ich~~ | wäre | Wir hätten gern | Dürfte ich Sie | Wir möchten

1 *Könnte ich* mal dein Auto ausleihen?
2 .... unsere Heizung reparieren lassen.
3 .... eine Auskunft. Wir suchen das Stadtzentrum.
4 ...., mir zu helfen?
5 .... zum Essen einladen?
6 .... du mal eine Minute Zeit?
7 Kommen Sie später bitte in mein Büro? Das .... sehr nett.
8 .... Sie etwas trinken?
9 .... 500 g Hackfleisch.

7 Konjunktiv I der Gegenwart und Vergangenheit

a Übertragen Sie die Aussagen in die indirekte Rede. Benutzen Sie den Konjunktiv I.

1 „In der jetzigen Situation muss man Ruhe bewahren. Ich will keine Panik verbreiten."
Der Präsident betonte, *in der jetzigen Situation müsse man Ruhe bewahren. Er wolle keine Panik verbreiten.*

2 „Wir sind uns sicher, dass alles gut wird. Wir haben sehr lange diskutiert."
Die Minister sagten, ...

3 „Ich habe nichts mit dem Mord zu tun. Ich bin zum Zeitpunkt der Tat zu Hause gewesen."
Der Verhaftete behauptete, ...

4 „Wir haben das Spiel gewonnen, weil unser Torwart so gut gehalten hat.“

Der Fußballer meinte, ...

....

5 „Die Katastrophe kann man nicht mehr aufhalten. Es gibt keine Rettung.“

Der Wissenschaftler sagte im Interview, ...

....

6 „Ich will mich zu diesem Skandal nicht äußern. Die Gemeinden haben einfach zu wenig Geld.“

Die Bürgermeisterin sagte uns am Telefon, ...

....

b Übertragen Sie die Zeitungsmeldung in die direkte Rede.

Die Bürgermeisterin sagte unserer Zeitung im Interview, es habe schon vor zehn Jahren die ersten Ideen zum Bau eines Flughafens in unserer Stadt gegeben. Immer wieder hätten Bürgerinnen und Bürger die Meinung vertreten, dass ein Flughafen ein wichtiger Schritt zur Verbesserung der Infrastruktur sei. Vor einiger Zeit habe sich ein privater Investor entschlossen, mit der Stadt zusammen einen Flughafen zu bauen. Eine solche Kooperation mit öffentlichen und privaten Geldern sei natürlich nicht unproblematisch. Sie habe auch nicht mit Protesten gegen den Bau des Flughafens gerechnet, es habe sich sogar eine Bürgerinitiative gebildet. Aber nun sei alles „in trockenen Tüchern“ und man könne noch in diesem Jahr mit dem Bau beginnen.

Die Bürgermeisterin sagte: „Es gab schon vor zehn Jahren die ersten Ideen zum Bau eines Flughafens in unserer Stadt. Immer wieder ...

Den Sprecher / die Sprecherin muss man in der direkten Rede nur einmal am Anfang des Textes nennen.

....

....

....

....

....

....

....

....

....

....

Adjektivdeklination

Adjektivdeklination mit dem bestimmten Artikel

	maskulin	feminin	neutral	Plural
Nom.	de**r** bunte Rock	di**e** grüne Tasche	da**s** neue Kleid	di**e** roten Schuhe
Akk.	de**n** bunten Rock	di**e** grüne Tasche	da**s** neue Kleid	di**e** roten Schuhe
Dat.	de**m** bunten Rock	de**r** grünen Tasche	d**em** neuen Kleid	de**n** roten Schuhen
Gen.	de**s** bunten Rock**s**	de**r** grünen Tasche	de**s** neuen Kleid**es**	de**r** roten Schuhe

Adjektivdeklination mit dem unbestimmten/negativen Artikel

	maskulin	feminin	neutral	Plural
Nom.	ein blauer Mantel	ein**e** kurze Hose	ein schönes Top	kein**e** warmen Socken
Akk.	ein**en** blauen Mantel	ein**e** kurze Hose	ein schönes Top	kein**e** warmen Socken
Dat.	eine**m** blauen Mantel	eine**r** kurzen Hose	eine**m** schönen Top	kein**en** warmen Socken
Gen.	eine**s** blauen Mantel**s**	eine**r** kurzen Hose	eine**s** schönen Top**s**	keine**r** warmen Socken

Adjektivdeklination mit dem Nullartikel (Adjektive ohne Artikel)

	maskulin	feminin	neutral	Plural
Nom.	--- grauer Stoff	--- helle Wolle	--- dünnes Leder	--- große Ohrringe
Akk.	--- grauen Stoff	--- helle Wolle	--- dünnes Leder	--- große Ohrringe
Dat.	--- grauem Stoff	--- heller Wolle	--- dünnem Leder	--- großen Ohrringen
Gen.	--- grauen Stoff**s**	--- heller Wolle	--- dünnen Leder**s**	--- großer Ohrringe

Diese 48 Kombinationen kann man in **fünf Regeln** zusammenfassen:

	Artikel	**Adjektiv**	
1	**-m / -en**	**-en**	*de**n** bunten Rock, de**m** bunten Rock, de**m** neuen Kleid, de**n** braunen Schuhen, ein**en** blauen Mantel, eine**m** blauen Mantel, eine**m** schönen Top, kein**en** warmen Socken*
2	**-e**	Singular: **-e** Plural: **-en**	*di**e** grüne Tasche, ein**e** kurze Hose,* *di**e** braunen Schuhe, kein**e** warmen Socken*
3	**-r / -s**	Nom. / Akk.: **-e** Dat. / Gen.: **-en**	*de**r** bunte Rock, da**s** neue Kleid,* *de**s** bunten Rocks, de**r** grünen Tasche, de**s** neuen Kleides, de**r** braunen Schuhe, eine**s** blauen Mantels, eine**r** kurzen Hose, eine**s** schönen Tops, keine**r** warmen Socken*
4	**ein/kein/mein/ dein/...**	mask.: **-er** neutr.: **-es**	*ein blauer Mantel,* *ein schönes Top*
5	**Nullartikel (---)**	Das Adjektiv bekommt die **Endung des bestimmten Artikels**	*grauer Stoff (de**r**), grauen Stoff (de**n**), grauem Stoff (de**m**), grauen* Stoffs (des)* *Ausnahme: nicht -es, sondern ***-en***

Adjektivdeklination

besondere Artikelwörter

Einige Pronomen und Artikel gehören zur Regel 5, d. h. sie verhalten sich **wie der Nullartikel**:

– **Zahlen** ab zwei	*mit drei guten Freunden, für zwei bunte T-Shirts, hunderte kleine Kinder, ein Paar schwarze Schuhe*
– **Name + s**	*Malaikas kleiner Sohn, Anitas neue Kollegin*
– Pronomen für **Genitiv**	*wessen, dessen, deren*
– Indefinitpronomen für eine **unbestimmte Anzahl**	*ein paar, viele, wenige, mehrere, etliche, einzelne, verschiedene*
– Indefinitpronomen für eine **unbestimmte Menge**	*ein bisschen, etwas, nichts, viel, mehr, wenig, weniger, genug*

---

besondere Adjektive

hoch verliert ein **c**	*ein hoher Preis*	
Adjektive auf **-el** verlieren immer ein **e**, auch die meisten Adjektive auf **-er**.	*ein dunkler Wald* *ein teures Smartphone*	
Einige Adjektive bekommen **keine Endung,** z. B. *rosa, prima, lila, extra, super, klasse*	*ein rosa Kleid, eine prima Idee*	
Städtenamen + er (immer ohne Endung und großgeschrieben)	*der Hamburger Fischmarkt,* *mit einem Frankfurter Würstchen*	
bestimmte Farben mit **-farben-**	*ein orangefarbener Hut*	
Adjektive von **Adverbien**	*anders → ander-* *links → link-*	*besonders → besonder-*
	gestern → gestrig-	*rechts → recht-*
	morgen → morgig-	*heute → heutig-*
	dort → dortig-	*hier → hiesig-*
	außen → äußer- *oben → ober-* *hinten → hinter-*	*innen → inner-* *unten → unter-* *vorn(e) → vorder-*

Partizip als Adjektiv

Man kann auch ein **Partizip I** oder ein **Partizip II** als Adjektiv benutzen. Die Endungen sind wie beim Adjektiv.	*kommende Woche, im vergangenen Jahr*
Konstruktion Partizip I: **Infinitiv + d**	*fahren → fahrend, behandeln → behandelnd*
Bedeutung **Partizip I**: Gleichzeitigkeit (jetzt, noch nicht fertig) oder Aktiv	*kochendes Wasser, ein fahrender Zug*
Bedeutung **Partizip II**: Vorzeitigkeit (schon fertig) oder Passiv	*ein gekochtes Ei, die renovierte Wohnung*

Adjektiv und Partizip als Nomen

Man kann einige Adjektive und Partizipien als **Nomen** benutzen.	*klein →* *neu →* *vorgesetzt →*	*der Kleine, die Kleine* *etwas Neues, nichts Neues* *ein Vorgesetzter, die Vorgesetzte*
Diese Nominalisierungen werden **großgeschrieben**. Die Endungen sind wie beim Adjektiv.	*arbeitslos →*	*der Arbeitslose* *eine Arbeitslose* *die Arbeitslosen* *viele Arbeitslose*

Partizipialkonstruktionen

Zwischen dem Artikel (das kann auch der Nullartikel sein!) und dem Partizip kann eine **Erweiterung** stehen.	*ein vor fünf Minuten von mir gekochtes Ei*
Die **Endung** des Partizips richtet sich nach dem **Artikel am Anfang**.	*das vor zwei Wochen renovierte Zimmer* *ein vor zwei Wochen renoviertes Zimmer*
Einen **Relativsatz** (rechts vom Nomen) kann man durch eine **Partizipialkonstruktion** (links vom Nomen) ersetzen.	*die Wohnung, die von uns gemietet wurde* (Relativsatz) *die von uns gemietete Wohnung* (Partizipialkonstruktion mit Partizip II) *die Heizung, die seit gestern nicht funktioniert* (Relativsatz) *die seit gestern nicht funktionierende Heizung* (Partizipialkonstruktion mit Partizip I)

1 Adjektivdeklination

a Ergänzen Sie die Adjektivendungen. (Regel 1 und 2)

Meine lieb ...1... Anna,

ich verbringe mit meinem lieb ...2... Ehemann einen toll ...3... Urlaub im weltbekannt ...4... Peking. Wir sind eine ganz ...5... Woche hier. An zwei Tagen hat es zwar geregnet, aber an den ander ...6... Tagen schien die Sonne. Besonders interessant fand ich die verboten ...7... Stadt. Wir hatten eine gut ...8... Stadtführerin, die uns die ganz ...9... Einzelheiten erklärt hat. Gestern haben wir die chinesisch ...10... Mauer besucht, sie ist über 8.000 km lang, aber ca. 75 % der Mauer befinden sich in einem schlecht ...11... Zustand, teilweise sind nur noch die alt ...12... Fundamente erhalten.

Wir übernachten in einem einfach ...13... Hotel, zum Frühstück gibt es meistens eine warm ...14... Suppe. Die meist ...15... Menschen sind sehr freundlich, aber wir vermissen die deutsch ...16... Brötchen!

Die liebst ...17... Grüße aus einem unglaublich ...18... Urlaub!

Deine gut ...19... Freundin Lena

b Ergänzen Sie die Adjektivendungen. (Regel 3)

1 Fadi ist einer meiner best *en* Freunde.

2 Ich rufe Sie im Laufe der nächst ...... Woche an.

3 Ich wohne in der Nähe des alt ...... Bahnhofs.

4 Der durchschnittlich ...... Deutsche gibt ca. 1.000 Euro im Jahr für Urlaub aus.

5 Ist das die Lösung unserer finanziell ...... Probleme?

6 Wie hoch ist die Miete des möbliert ...... Zimmers?

7 Ein Teil der neu ...... Kursteilnehmer kommt aus Eritrea.

8 Wie gefällt dir der rot ...... Rock mit der blau ...... Schleife?

9 Die Fenster des hinter ...... Zimmers sind leider sehr klein.

10 Heute ist einer der heißest ...... Tage des ganz ...... Jahres.

11 Der K2 ist der zweithöchst ...... Berg der Erde.

12 Der Makalu ist einer der höchst ...... Berge der Erde.

c Ergänzen Sie die Adjektive mit den richtigen Endungen. (Regel 4)

aktuell	alt	freundlich	grün	günstig	hübsch	klein	link-	~~neu~~	neu

1 Das ist mein *neues* .... Fahrrad.

2 Warum hast du das gemacht? Du bist doch kein .... Kind mehr!

3 Hast du schon unser .... Auto gesehen? Wir haben es am Wochenende gekauft.

4 Ist dein .... Mantel neu? Ich dachte immer, deine Lieblingsfarbe ist Blau.

5 Ich habe mein .... Fahrrad verkauft. Es war kaputt.

6 Das ist ein ganz .... Problem.

7 Er ist ein sehr .... Mensch. Er lächelt viel.

8 Das ist wirklich ein .... Angebot!

9 Mein .... Arm tut weh.

10 Was für ein .... Kleid! Hast du das schon lange?

d Ergänzen Sie die Adjektivendungen. (Regel 1, 2, 3 und 4)

1 Wo hast du diese schön *e* Tasche gekauft?

2 Wir suchen eine neu.... Wohnung.

3 Sie haben einen fünfjährig.... Sohn.

4 Fayyad ist ein Freund meines groß.... Bruders.

5 Wie ist die richtig.... Adjektivendung?

6 Mein recht.... Bein tut weh.

7 Ich fahre mit meiner klein.... Cousine in die Stadt.

8 Nhan ist ein gut.... Freund von mir.

9 Die meist.... Menschen wollen in Frieden leben.

10 Kennst du meine klein.... Schwester?

e Ergänzen Sie die Adjektivendungen. (Regel 5)

1 Ich habe italienisch *e* Nudeln gekauft.

2 Es riecht nach gut.... Essen.

3 Warum tragen Sie immer schwarz.... Schuhe?

4 Ich trinke chinesisch.... Tee mit braun.... Zucker.

5 Zahlreich.... Verletzte bei schwer.... Unfall auf der A7.

6 Ich esse gern frisch.... Brot mit geräuchert.... Fisch.

7 Ich habe nur mit halb.... Ohr zugehört.

8 Sie hat blond.... Haar.

9 Wer repariert kaputt.... Waschmaschinen?

f Ergänzen Sie die Adjektivendungen. (Regel 1, 2, 3, 4 und 5)

1 Gestern sind einige neu *e* Teilnehmer in den Kurs gekommen.

2 Die neu...... Teilnehmer kommen aus dem Irak.

3 Welche gut...... Restaurants kennst du? – Ich kann mehrere gut...... Restaurants empfehlen.

4 Wie viele Sterne kann man mit bloß...... Auge sehen?

5 Ist das Malaikas neu...... Freund?

6 Hast du Malaikas neu...... Freund schon kennengelernt?

7 Ich war gestern mit drei nett...... Kollegen in einem Restaurant.

8 Wessen grün...... Mantel ist das?

9 Möchtest du noch ein paar süß...... Bonbons?

10 Heute haben wir nicht viel Neu...... gelernt.

11 Er ist Besitzer vieler teur...... Autos (Genitiv).

12 Kennst du alle deutsch...... Städte? – Nein, aber ich kenne viele deutsch...... Städte.

> ***alle*** = Regel 1, 2 oder 3
> ***viele***, ***mehrere*** etc. = Regel 5

g Ergänzen Sie die Adjektivendungen.

Suche gebraucht *es* Fahrrad, Tel. 0999 12345678

Groß ...1... , braun ...2... Hund entlaufen, abcde@fg-h.de

Verkaufe groß ...3... Esszimmertisch, M. Müller, Tel. 677889

Schwarz ...4... Geldbeutel gefunden, Tel. 9876543

Vermiete schön ...5... , hell ...6... Dreizimmerwohnung mit groß ...7... Küche, Schmidt Tel. 777888

Suche Briefmarken aus dem neunzehnt ...8... Jahrhundert, ☎ 0789-34343456

Alt ...9... Küchenmöbel zu verschenken, asdf@jklo.d

Achtzigjährig ...10... Mann sucht ' nett ...11... Frau zum Verlieben, Chiffre ghi-345

Suche alt ...12... Reklameschilder, Fax 09876-1234

Schwarz ...13... Geldbörse verloren. **Finderlohn!** Tel. 45674567

Repariere Ihren kaputt ...14... Staubsauger, ***Huever & Söhne*** *Tel. 998877*

Reinigungsfirma sucht zuverlässig ...15... Mitarbeiter / zuverlässig ...16... Mitarbeiterin. www.wischiwaschi.de

Verkaufe zwei Tickets für die Olympisch ...17... Spiele!!! Tel. 246810

Suchen KlavierlehrerIn für unsere 8-jährig ...18... Tochter, qwert@xyz.de

Viele alt ...19... Rock- und Pop-CDs zu verkaufen. Käfer & Steine, Werstr. 66

Suche antik ...20... Möbel. Biete Höchstpreise! Tel. 43214321

Wessen groß ...21... , braun ...22... Hund ist das? Bitte melden! klmno@pqr.de

Suche möbliert ...23... Zimmer, ☎ 0177-56734523

h Ergänzen Sie die Adjektive mit den richtigen Endungen.

Stefanie sucht ein neues Kleid

Stefanie und Malaika sind in der *Hamburger* (Hamburg) Innenstadt unterwegs. Stefanie möchte sich ein ……1…… (neu) Kleid kaufen. Ihre ……2…… (best-) Freundin Malaika soll ihr bei dieser ……3…… (schwierig) Aufgabe helfen, denn Malaika hat immer ……4…… (gut) Ideen und einen ……5…… (gut) Geschmack. Zuerst gehen die ……6…… (beide) Freundinnen in ein ……7…… (teuer) Modegeschäft. Stefanie probiert viele ……8…… (schön) Sachen an: eine ……9…… (schwarz) Hose, eine ……10…… (grün) Bluse mit ……11…… (gestreift) Muster. Aber hier gibt es keine ……12…… (gut) Kleider. Sie verlassen das ……13…… (teuer) Geschäft und gehen weiter. Da sehen sie einen ……14…… (interessant) Schuhladen. Dort gibt es viele ……15…… (toll) Sachen: ……16…… (blau) Stiefel, ……17…… (lila) Schuhe mit ……18…… (gelb) Sohle, Sandalen in allen ……19…… (möglich) Variationen. Stefanie und Malaika probieren ein paar ……20…… (interessant) Modelle an, und Malaika kauft sich ein Paar ……21…… (grün) Schuhe mit ……22…… (hoch) Absätzen. „Ich kenne noch einige gute Geschäfte am ……23…… (ander-) Ende der Stadt“, sagt Malaika. „Das ist eine ……24…… (prima) Idee!“, antwortet Stefanie. Also fahren sie mit einem ……25…… (beige) Taxi ans ……26…… (ander-) Ende der Stadt. Das Wetter war die ……27…… (ganz) Zeit über sehr ……28…… (gut), aber jetzt ziehen ……29…… (dunkel) Wolken auf. Die beiden haben keinen Regenschirm, also steigen sie ……30…… (schnell) in einen ……31…… (rot) Bus. Nach einer ……32…… (halb) Stunde sind sie endlich zu Hause. Sie geht in ihre Wohnung und denkt: „Das war ein ……33…… (lang) Tag.“ Ihr Mann fragt sie: „Na, hast du ein ……34…… (neu) Kleid gekauft?“ Stefanie antwortet: „Oh Gott, ich wollte ja ein ……35…… (neu) Kleid kaufen. Das habe ich ……36…… (total) vergessen!“

2 Partizip als Adjektiv

a Ergänzen Sie das Partizip II.

1 verbieten *verboten*
2 renovieren ……
3 befristen ……
4 abschließen ……
5 gründen ……
6 schließen ……

b Ordnen Sie die Partizipien aus 2a mit den richtigen Adjektivendungen zu.

1 Man darf keine *verbotenen* Gegenstände mit ins Handgepäck nehmen.
2 Wir haben eine frisch …… Wohnung gemietet.
3 Toma hat eine …… Berufsausbildung.
4 Fayyad hat einen …… Vertrag bei Elektro Hansen.
5 Man muss sich an …… Verträge halten.
6 Die vor zwei Jahren …… Firma ist schon pleite.

c Ergänzen Sie das Partizip I.

1 gewinnen *gewinnend* .... 3 sich verändern .... 5 regieren ....

2 streiken .... 4 gelten .... 6 klopfen ....

d Ordnen Sie die Partizipien aus 2c mit den richtigen Adjektivendungen zu.

1 Die Moderatorin begrüßt die Fernsehzuschauer mit einem *gewinnenden* .... Lächeln.

2 Mit .... Herzen öffnete Fadi den Brief vom Finanzamt.

3 Wir leben in einer sich .... Welt.

4 Die .... Arbeiter wollen mehr Lohn.

5 Wie heißt der .... Bürgermeister von Berlin?

6 Das Fälschen von Geldscheinen verstößt gegen .... Recht.

e Partizip I oder Partizip II? Ergänzen Sie.

1 Die Polizei sucht den *gestohlenen* .... Lkw. (stehlen)

2 Bitte beachten Sie die .... Hinweise! (folgen)

3 Möchtest du ein .... oder ein .... Ei? (kochen / braten)

4 .... Wasser hat eine Temperatur von 100 °C. (kochen)

5 Was machen wir mit unserem .... Geld? (sparen)

6 Achtung! .... Kinder! (spielen)

7 Wir treffen uns am .... Dienstag um 20 Uhr. (kommen)

8 Wir kaufen uns einen .... Wagen, das ist billiger. (gebrauchen)

9 Malaika tröstet ihren .... Sohn. (weinen)

3 Adjektiv und Partizip als Nomen

a Ergänzen Sie die Endungen.

1 Tobias hat viele Verwandt*e* ...... in Süddeutschland.

2 Dieser Film ist nur für Erwachsen...... .

3 Ein Erziehungsberechtigt...... muss das Schulzeugnis unterschreiben.

4 Den Bericht habe ich in einer Illustriert...... gelesen.

5 Herr Müller ist ein Verwandt...... von mir.

6 Alle Auszubildend...... müssen die Berufsschule besuchen.

7 Kennst du viele Deutsch...... ?

8 Kinder und Jugendlich...... dürfen keine Spielhallen betreten.

9 Ich war mit einer Bekannt...... im Kino.

b Benutzen Sie die Adjektive und Partizipien als Nomen. Ergänzen Sie die Endungen.

1 Frau Hansen ist Abgeordnete der *Grünen* . (grün)
2 Unter den .... ist der .... König. (blind / einäugig)
3 Warum gibt es Kriege? – Frag mich etwas ....! (leichter)
4 Wie heißt der .... der Partei? (vorsitzend)
5 Alles .... zum Geburtstag! (gut)
6 Wie viele .... gab es im letzten Monat in Deutschland? (arbeitslos)
7 Bei dem Zugunglück gab es einen .... und viele .... (tot / verletzt)
8 Wer kann den Text aus dem .... ins .... übersetzen? (deutsch / arabisch)
9 Der Redner begrüßt alle .... (anwesend)

4 Partizipialkonstruktionen

a Bilden Sie aus dem Relativsatz eine Partizipialkonstruktion mit dem Partizip II.

1 Wer zahlt für die Schäden, die vom Orkan angerichtet wurden?
Wer zahlt für die vom Orkan angerichteten Schäden?

2 Wir haben eine Wetterlage, die von einem Hoch bestimmt wird.
....

3 Nur Teilnehmer, die sich angemeldet haben, können in den Kurs.
....

> ***sich*** verschwindet bei Konstruktionen mit Partizip II.

4 Warum bestreiten Sie diese Theorie, die schon vor Jahren bewiesen wurde?
....

5 Was ist die höchste Temperatur, die jemals auf der Erde gemessen worden ist?
....

6 Wann hast du den letzten Brief bekommen, der mit der Hand geschrieben wurde?
....

b Bilden Sie aus dem Relativsatz eine Partizipialkonstruktion mit dem Partizip I.

1 Bitte beachten Sie die Hinweise, die im Anschluss an diese Sendung folgen.
Bitte beachten Sie die im Anschluss an diese Sendung folgenden Hinweise.

2 Wasser ist ein Molekül, das aus Sauerstoff und Wasserstoff besteht.
....

3 Raupen sind Tiere, die sich später in Schmetterlinge verwandeln.
....
....

> ***sich*** bleibt bei Konstruktionen mit Partizip I.

4 Das sind zwei Aussagen, die sich gegenseitig ausschließen.

5 CO_2 ist ein Gas, das das globale Klima beeinflusst.

6 Die Erde ist ein Planet, der sich um die Sonne dreht.

7 Wie hoch ist die Miete, die von Ihnen monatlich zu entrichten ist?

Auch bei ***sein + zu* mit Infinitiv** (Bedeutung: *müssen* oder *können*) kann man eine Partizipialkonstruktionen bilden; ***zu*** bleibt.

8 Liebe ist ein Gefühl, das schwer zu beschreiben ist.

9 Ergänzen Sie bitte die Wörter, die im Text fehlen.

10 Die arabische Schrift ist eine Schrift, die von rechts nach links zu lesen ist.

c Bilden Sie Partizipialkonstruktionen.

1 Das Geschäft, das erst vor einem halben Jahr eröffnet wurde, ... (Partizip II)
Das erst vor einem halben Jahr eröffnete Geschäft ...

2 Die Formulare, die von den Teilnehmer ausgefüllt wurden, ... (Partizip II)

3 Die Maschinen, die für viel Geld angeschafft worden sind, ... (Partizip II)

4 Ein Metall, das aus Bauxit gewonnen wird, ... (Partizip II)

5 Ein Zungenbrecher, der schwer auszusprechen ist, ... (Partizip I)

6 Die beiden Männer, die von der Polizei verdächtigt werden, ... (Partizip II)

7 Das Auto, das vor einer Einfahrt parkt, ... (Partizip I)

8 Die Aussagen, die im Text enthalten sind, ... (Partizip II)

9 Ein Gesetz, das die Situation Alleinerziehender berücksichtigt, ... (Partizip I)

Artikel

bestimmter Artikel

	maskulin	feminin	neutral	Plural
Nominativ	d**er**	di**e**	da**s**	di**e**
Akkusativ	d**en**	di**e**	da**s**	di**e**
Dativ	d**em**	d**er**	d**em**	d**en**
Genitiv	d**es**	d**er**	d**es**	d**er**

unbestimmter Artikel/negativer Artikel

	maskulin	feminin	neutral	Plural
Nominativ	(k)ein	(k)ein**e**	(k)ein	--- / kein**e**
Akkusativ	(k)ein**en**	(k)ein**e**	(k)ein	--- / kein**e**
Dativ	(k)ein**em**	(k)ein**er**	(k)ein**em**	--- / kein**en**
Genitiv	(k)ein**es**	(k)ein**er**	(k)ein**es**	--- / kein**er**

Nullartikel (kein Artikel)

	maskulin	feminin	neutral	Plural
Nominativ	---	---	---	---
Akkusativ	---	---	---	---
---	---	---	---	---
Genitiv	---	---	---	---

Pronomen

Endungen wie beim bestimmten Artikel

einer, eine, eins, ... (Indefinitpronomen)	*Hast du ein Handy? – Ja, ich habe eins.*
keiner, keine, keins, ... (Indefinitpronomen)	*Ist das ein Fehler? – Nein, das ist keiner.*
meiner, deine, seins, ... (Possessivpronomen)	*Ist das dein Heft? – Ja, das ist meins.*
irgendeiner, irgendeine, ... (Indefinitpronomen)	*Kann mir irgendeiner helfen?*
welcher, welche, welches, ... (Indefinitpronomen, unzählbar und Plural)	*Zucker? Hier ist noch welcher.* *Hast du Bonbons? – Ja, hier sind welche.*
dieser, diese, dieses, ... (Demonstrativpronomen)	*Dieses Auto gefällt mir.*
jeder, jede, jedes, ... (Indefinitpronomen)	*Jeder Teilnehmer bringt etwas mit.*
alles, beides, vieles, ... (Indefinitpronomen, nur neutral)	*Danke, das wäre alles.* *Der oder die Paprika? – Beides ist richtig.*

Endungen wie beim unbestimmten Artikel

mein, deine, sein, ... (Possessivartikel)	*Ist das dein Heft? – Ja, das ist mein Heft.*
irgendein, irgendeine, ... (Indefinitpronomen + Nomen)	*Kann mir irgendein Arzt helfen?*

Pronomen

jemand, niemand (Indefinitpronomen, immer maskulin, im Akkusativ und Dativ mit oder ohne Endung)	*Hast du auf der Straße <u>jemand(en)</u> getroffen? –* *Nein, ich habe <u>niemand(en)</u> getroffen.*
man (Indefinitpronomen, immer maskulin)	*Wie schreibt <u>man</u> das?*
irgendwelche, alle, beide, **viele,** **mehrere, einige, wenige, andere, …** (Indefinitpronomen mit und ohne Nomen, Plural)	*Kennen Sie schon <u>alle Mitarbeiter</u>? –* *Nein, aber schon <u>viele</u>.* *<u>Einige Leute</u> verreisen gern mit dem Auto, <u>andere</u> fahren lieber mit der Bahn.*
ohne Endungen	
wessen (Fragewort)	*Mit <u>wessen Auto</u> seid ihr gefahren?*
etwas, irgendetwas, nichts, ein bisschen, **viel, mehr, am meisten, wenig, weniger,** **am wenigsten** (Indefinitpronomen, Singular)	*Ich trinke meinen Kaffee mit <u>ein bisschen Zucker</u>.* *Von <u>nichts</u> kommt <u>nichts</u>.* *<u>Viel Glück</u>!*
ein paar (Indefinitpronomen, immer Plural)	*Wir fahren mit <u>ein paar Freunden</u> nach Dänemark.*
all (Indefinitpronomen vor bestimmtem Artikel, Possessivartikel oder Demonstrativpronomen)	*<u>All das</u> wissen wir schon.* *Ich habe <u>all mein Geld</u> verloren.*

Personalpronomen

Singular

			maskulin	feminin	neutral
Nominativ	ich	du	e**r**	si**e**	e**s**
Akkusativ	mich	dich	ih**n**	si**e**	e**s**
Dativ	mir	dir	ih**m**	ih**r**	ih**m**

Plural

			maskulin/feminin/neutral
Nominativ	wir	ihr	si**e**
Akkusativ	uns	euch	si**e**
Dativ	uns	euch	ihne**n**

Reihenfolge der Pronomen

Im Satz ist die normale Reihenfolge: erst **Dativ-Objekt**, dann **Akkusativ-Objekt**.	*Er schenkt <u>seinem Sohn</u> <u>ein Buch</u>.* *Er schenkt <u>seinem Sohn</u> <u>das Buch</u>.*
Wenn das **Akkusativ-Objekt** ein **Indefinitpronomen** ist, bleibt es bei dieser Reihenfolge.	*Er schenkt seinem Sohn <u>eins</u>.* *Er schenkt <u>ihm</u> <u>eins</u>.*
Wenn das **Akkusativ-Objekt** ein **Personalpronomen** ist, kommt das Akkusativ-Objekt **zuerst**.	*Er schenkt <u>es</u> <u>seinem Sohn</u>.* *Er schenkt <u>es</u> <u>ihm</u>.*

1 Artikel

a Unbestimmter und bestimmter Artikel. Was passt nicht? Streichen Sie durch.

1 Fadi Samet stammt aus ~~einem~~ / **dem** Iran.

2 Toma hat **eine / die** Ausbildung als Techniker gemacht.

3 Heddas Kinder haben viele deutsche Freunde in **einer / der** Schule.

4 Nhan macht **ein / das** Praktikum.

5 Dimitra arbeitet in **einer / der** Elbstrand Klinik.

6 Fayyad macht gern Radtouren in **einer / der** Natur.

7 Anita hat ihren Mann an **einer / der** CEMA-Universität in Buenos Aires kennengelernt.

8 **Eines / Des** Tages ging **ein / der** Mann zum Arzt. Er sagte ...

9 Bitte überweisen Sie **einen / den** Rechnungsbetrag bis Ende **einer / der** kommenden Woche!

10 Wie heißt **ein / der** höchste Berg **einer / der** Welt?

11 Malaika ist vor **einem / dem** Jahr nach Deutschland gekommen.

> ***ein/eine*** benutzt man:
> – für unbestimmte Sachen oder Personen
> – wenn man zum ersten Mal über etwas spricht
>
> ***der/die/das*** benutzt man:
> – für bestimmte Sachen oder Personen

b Bestimmter Artikel, unbestimmter Artikel oder Nullartikel (–)? Ergänzen Sie.

1 Ich habe *eine* Frage. Ich frage *–* Frau Schmidt.

2 .... Polizei sucht .... Dieb. .... Dieb hat .... kleine Nase und .... blonde Haare. Wer hat .... Dieb gesehen?

3 Es ist dunkel. Ich habe .... Angst!

4 Hast du .... Geld? – Ja, ich habe .... Geld. – Leihst du mir .... Euro? Ich gebe dir .... Geld morgen zurück.

5 Stefanie hat .... Hund. .... Hund heißt Bello.

6 .... Mann geht in .... Geschäft. .... Geschäft ist sehr groß. .... Mann fragt .... Verkäufer: „Wo gibt es .... Computer?" .... Verkäufer antwortet: „Wir haben nur .... Lebensmittel." Also geht .... Mann in .... anderes Geschäft. Da kauft er .... Computer. .... Computer kostet tausend Euro.

7 .... Zahl „7" ist .... Glückszahl.

8 Möchtest du .... Zigarette? – Nein danke, ich bin .... Nichtraucher.

9 Ich verstehe das nicht! – Frag doch .... Lehrerin, sie kommt gleich.

10 Früher hatten wir .... Opel Astra, jetzt fahren wir .... Ford.

11 Es war einmal .... Mädchen. Das Mädchen hatte .... rote Mütze. .... Name .... Mädchens war .... Rotkäppchen.

12 .... Paris ist .... Hauptstadt von .... Frankreich.

> **Nullartikel** benutzt man bei:
> – Namen von Personen, Firmen, Städten, Kontinenten und vielen Ländern (Ausnahme: der Iran etc.)
> – Nationalitäten und Sprachen
> – Gewichten und nicht zählbaren Mengen
> – Materialien
> – abstrakten Wörtern

c Bestimmter Artikel, unbestimmter Artikel oder Nullartikel (–)? Ergänzen Sie.

Deutschland – ein Land in Europa

Deutschland ist ......1...... Land in ......2...... Mitte ......3...... europäischen Kontinents. ......4...... Nachbarländer sind ......5...... Dänemark, ...6...... Polen, ...7...... Tschechische Republik, ...8...... Österreich, ...9...... Schweiz, ...10...... Frankreich, ...11...... Luxemburg, ...12...... Belgien und ......13...... Niederlande.

......14...... Süden ......15...... Landes ist gebirgig, ...16...... höchste Berg in ......17...... Alpen, ...18...... Zugspitze, erreicht ......19...... Höhe von 2962 Metern. ......20...... Norden ist eher flach.

......21...... Hauptstadt von Deutschland heißt Berlin. ......22...... offizielle Name von Deutschland ist „Bundesrepublik Deutschland“, d. h. Deutschland besteht aus ......23...... Bundesländern, die alle ......24...... eigenes Parlament und ......25...... eigene Regierung haben.

In ......26...... Bundesrepublik leben etwa 80 Millionen Menschen. Etwa jeder Fünfte ist im Ausland geboren oder hat ......27...... Vater oder ......28...... Mutter aus ......29...... Ausland.

Deutschland ist ......30...... relativ großes Land, daher gibt es viele bekannte Persönlichkeiten, die aus Deutschland stammen. Das sind z. B. ......31...... Maler wie Albrecht Dürer oder ......32...... Musiker wie Johann Sebastian Bach. Auch ......33...... Wissenschaftler Albert Einstein kam aus Deutschland. Friedrich Schiller und Johann Wolfgang von Goethe sind ......34...... bekannte Dichter.

......35...... bekannteste Bauwerk und Wahrzeichen Deutschlands ist ......36...... Brandenburger Tor in Berlin.

2 Pronomen

a Indefinitpronomen *ein-*, *welch-*. Ergänzen Sie.

1 Ist das ein Buch? – Ja, das ist eins.
2 Ist das ein Kalender? – Ja, das ist ……………… .
3 Hast du ein Glas? – Ja, danke, ich habe ……………… .
4 Hast du noch Holzschrauben? – Ja, hier sind noch ……………… .
5 Hedda, gibst du mir mal bitte einen Aktenordner? – Ja, hier ist ……………… .
6 Haben Sie noch Anmeldeformulare? – Ja, aber ich habe nur noch ……………… .
7 Haben wir noch Milch? – Ja, hier ist noch ……………… .
8 Haben wir noch Salz? – Ja, hier ist noch ……………… .
9 Haben wir noch Zucker? – Ja, hier ist noch ……………… .
10 Mama, darf ich noch ein Bonbon haben? – Ja, aber nur ……………… .
11 Ist da hinten ein Briefkasten? – Ja, da ist ……………… .

b Indefinitpronomen *kein-*. Ergänzen Sie.

1 Hast du viele Fehler im Test? – Nein, keinen einzigen.
2 Malaika, hast du eine Ausbildung gemacht? – Nein, ich habe noch ……………… gemacht.
3 War einer von deinen Freunden auf der Party? – Nein, ……………… .
4 Haben Sie einen Regenschirm? – Nein, ich habe ……………… .
5 Hast du ein Fahrrad? – Nein, ich habe ……………… .
6 Brauchen Sie Hilfe? Nein, danke, wir brauchen ……………… .
7 Haben wir noch Kartoffeln? – Nein, wir haben ……………… mehr.
8 Hast du ein Kleid gekauft? – Nein, ich habe ……………… gefunden, das mir gefällt.
9 Hast du privaten Kontakt mit deinen Kollegen? – Nein, mit ……………… .
10 Hat sich jemand auf die Anzeige gemeldet? – Nein, ……………… .
11 Habt ihr auf der Tagung mit einem Politiker gesprochen? – Nein, mit ……………… .
12 Hast du bald Urlaub? – Nein, ich habe leider ……………… bekommen.

c Indefinitpronomen *ein-*, *kein-*, *welch-*. Schreiben Sie wie im Beispiel.

1 Eine Bäckerei? Ja, hier ist eine. / Nein, hier ist keine.
2 Parkplätze? ……………… / ………………
3 Ein Hotel? ……………… / ………………
4 Ein Konferenzraum? ……………… / ………………
5 Eine Autovermietung? ……………… / ………………
6 Toiletten? ……………… / ………………

d Possessivpronomen *meiner, deine, seins,* ... Schreiben Sie wie im Beispiel.

1 Ist das dein Kuli? – *Ja, das ist meiner.*
2 Frau Jiménez, ist das Ihre Handtasche? – Nein, ...
3 Ist das unser Lieferwagen? – Ja, ...
4 Ist das Fadis Computer? – Ja, ...
5 Ist das Malaikas Sohn? – Nein, ...
6 Sind das deine Taschentücher? – Nein, ...
7 Ist das Tomas Auto? – Nein, ...
8 Fayyad, ist das mein Mantel da hinten? – Nein, ...

e Verbinden Sie die Sätze.

1	Hast du das Buch gekauft?	a	Ja, hier sind welche.
2	Oh, ich habe kein Taschentuch.	b	Nein, ich habe es nicht gesehen.
3	Hast du das Schild nicht gesehen?	c	Nein danke, ich möchte keins mehr.
4	Hast du noch Bonbons?	d	Ja, ich habe es gekauft.
5	Möchtest du noch ein Bier?	e	Ja, ich habe welches gekauft.
6	Haben wir noch Nudeln?	f	Nein, hier ist keiner.
7	Habt ihr den Film schon gesehen?	g	Kein Problem, nimm eins von meinen.
8	Hast du Mineralwasser gekauft?	h	Ja, gern. Gib mir doch noch einen!
9	Ist hier ein Park in deiner Nähe?	i	Ja, wir haben noch welche.
10	Möchtest du noch einen Pfannkuchen?	j	Nein, wir haben ihn noch nicht gesehen.

f Indefinitpronomen *ein-, kein-, welch-* oder Personalpronomen *er, sie, es* ...? Schreiben Sie wie im Beispiel.

1 Hast du das Handy gekauft? – Ja, *ich habe es gekauft.*
2 Hat die Wohnung einen Balkon? – Nein, ...
3 Ist da ein Briefkasten? – Ja, ...
4 Kaufst du bitte die Joghurt-Schokolade? – Ja, ...
5 Hast du die Eintrittskarten vergessen? – Ja, ...
6 Haben Sie eine Genehmigung? – Nein, wir ....
7 Habt ihr den neuen Chef schon kennengelernt? – Ja, ...
8 Guten Tag, ich suche Blumen. – Im zweiten Stock gibt es ....
9 Haben Sie ein 10-Cent-Stück? – Nein, ich ....

g Was passt nicht? Streichen Sie durch.

1 Sind schon **alle** / ~~**aller**~~ Teilnehmer da?

2 **Jeder / Jede** Frage wird beantwortet.

3 Ich möchte nur **ein bisschen / ein paar** Milch in meinen Kaffee.

4 **Viel / Vielen** Spaß heute Abend!

5 Wem gehört das Buch? – Das ist **meins / mein**.

6 **Welche / Welch** Aufgabe sollen wir machen? – **Diese / Dies** hier.

7 **Mit wessem / Mit wessen** Auto seid ihr gefahren?

8 Hat Toma **viel / viele** CDs? – Ja, jedenfalls **mehr / mehre** als ich.

9 Ich habe **nicht / nichts** viel verstanden. – Ich habe auch **nicht / nichts** verstanden.

10 **Viel / Vielen** Dank für Ihre Hilfe.

11 Das ist **alle / alles** nicht so einfach.

12 Was für **ein / eins** Buch suchen Sie denn?

13 Mir geht es seit **ein paar / einem paar** Tagen nicht so gut.

14 Ist das die Frau Müller, von **derem / deren** Mann du mir erzählt hast?

15 Ist das nicht Frau Müller? Hast du mir nicht von **ihrem / ihren** Mann erzählt?

> ***jeder, jede, jedes***
> = Singular,
> ***alle*** = Plural

h Ergänzen Sie die Endung oder keine Endung (–).

1 Möchtest du noch Kaffee? – Ja, aber bitte nur ein bisschen – .

2 Hat jemand .... irgendetwas .... verstanden?

3 Wir haben für heute Abend ein paar .... Freunde eingeladen.

4 Was ist richtig: „Orange“ oder „Apfelsine“? – Beid .... ist richtig.

5 Das weiß doch jed .... !

6 Man .... soll viel .... Sport treiben – das hält ei .... (Akkusativ) jung!

7 Ich habe vor vielen Jahren einen Deutschkurs gemacht, aber all .... wieder vergessen.
Ich weiß nichts .... mehr.

8 Ich hätte gern einen Döner, bitte. – Mit all .... ?

9 Hast du bei der Konferenz mit jemand .... gesprochen? – Nein, mit kei ....

10 In der Küche haben wir nur wenig .... Platz. Kommt, wir gehen ins Wohnzimmer, da ist mehr .... Platz.

11 Hast du viel .... Freunde in der Schule? – Na ja, mit einig .... verstehe ich mich ganz gut, mit
ander .... weniger ....

12 Fast all .... sind da, nur ein .... fehlt. Typisch Tobias!

13 Frau Aziz und ihr Mann kommen beid .... aus Syrien.

> ***viel*** und ***wenig***: ohne Endung für unzählbare Nomen, mit Endung für zählbare Nomen im Plural

i Ergänzen Sie die passenden Pronomen.

all | alle | beide | irgendwelche | jeder | keine | keiner | man | ~~niemanden~~ | welche

1 Ich bin heute Abend für *niemanden* zu sprechen.

2 Hat ________ eine Kopie? Gut, dann können wir anfangen.

3 Haben ________ eine Kopie?

4 Warum hat ________ von euch die Hausaufgabe gemacht? War sie zu schwer?

5 Hast du noch Taschentücher? – Nein, ich habe ________ mehr.

6 Hast du noch Taschentücher? – Ja, ich habe noch ________.

7 So ist das Leben. Da kann ________ nichts machen.

8 Müllers haben zwei Kinder. ________ gehen noch zur Schule.

9 Haben Sie noch ________ Fragen?

10 Ich habe ________ mein Geld ausgegeben.

3 Reihenfolge der Pronomen

a Schreiben Sie Antworten mit Personalpronomen.

1 Hat der Vater seiner Tochter das Puppenhaus geschenkt? – Ja, *er hat es ihr geschenkt.*

2 Hat die Großmutter ihrem Enkel den Fußball geschenkt? – Ja, ________

3 Hat die Frau ihrem Mann die Socken gekauft? – Nein, ________

4 Hat der Großvater seinen Enkeln die Bücher gekauft? – Nein, ________

5 Hat Stefanie Fadi die Gitarre geschenkt? – Ja, ________

6 Hat die Mutter ihrem Sohn das Computerspiel gekauft? – Nein, ________

7 Hast du dir das neue Smartphone gekauft? – Ja, ________

b Schreiben Sie Antworten mit Personalpronomen oder Indefinitpronomen.

1 Gibst du mir bitte einen Kuli? – Ja, *ich gebe dir einen.*

2 Gibst du mir bitte den Kuli? – Ja, ________

3 Schicken Sie mir bitte die Unterlagen? – Ja, wir ________

4 Verkauft ihr uns den Schrank? – Nein, ________

5 Hat der Mieter dem Vermieter Geld überwiesen? – Nein, ________

6 Hat der Mieter dem Vermieter das Geld überwiesen? – Ja, ________

7 Hat Opa dir Bonbons gegeben? – Ja, ________

8 Hat Opa dir Bonbons gegeben? – Nein, ________

9 Hat Opa dir die Bonbons gegeben? – Nein, ________

10 Hat Opa dir nicht die Bonbons gegeben? – Doch, ________

7 Auf einen Blick: Deklination von Nomen

Deklination: Nominativ, Akkusativ, Dativ und Genitiv

	maskulin	feminin	neutral	Plural
Nominativ	der Mann ein Mann kein Mann	die Frau eine Frau keine Frau	das Kind ein Kind kein Kind	die Leute --- Leute keine Leute
Akkusativ	den Mann einen Mann keinen Mann	die Frau eine Frau keine Frau	das Kind ein Kind kein Kind	die Leute --- Leute keine Leute
Dativ	dem Mann einem Mann keinem Mann	der Frau einer Frau keiner Frau	dem Kind einem Kind keinem Kind	den Leute**n** --- Leute**n** keinen Leute**n**
Genitiv	des Mann**es** eines Mann**es** keines Mann**es**	der Frau einer Frau keiner Frau	des Kind**es** eines Kind**es** keines Kind**es**	der Leute --- Leute keiner Leute

Genitiv-Endungen: **einsilbige** Nomen mit **-es** **mehrsilbige** Nomen mit **-s**	 *des Tisches, des Buches* *des Resultats, des Wörterbuchs*
Im **Dativ Plural** bekommen die Nomen ein **-n**. Ausnahmen: Kein zusätzliches **-n**, wenn die Endung im Nominativ Plural ein **-n** oder **-s** ist.	*den Häusern, den Tischen* *die Frauen – mit den Frauen* *die Autos – mit den Autos*
Bei einigen festen Ausdrücken findet man noch ein zusätzliches **-e** im Dativ.	*zu Hause, in diesem Sinne, im Laufe der Woche, im Grunde genommen*

n-Deklination

Die **n-Deklination** gibt es **nur für maskuline Nomen** (meist männliche Personen oder Tiere mit maskulinem Artikel).	*der Polizist* (n-Deklination), *der Löwe* (n-Deklination)
Die femininen Nomen (weibliche Personen oder Tiere mit femininem Artikel) haben keine n-Deklination.	*die Polizistin* *die Löwin*
Die Nomen der n-Deklination haben im **Nominativ Singular keine Endung**, sonst immer die Endung **-n** oder **-en**.	*der Nachbar, der Patient* *mit dem Nachbarn, für den Patienten*

	Singular (maskulin)	Plural		Singular (maskulin)	Plural
Nominativ	der Polizist ein Polizist kein Polizist	die Polizist**en** --- Polizist**en** keine Polizist**en**	Dativ	dem Polizist**en** einem Polizist**en** keinem Polizist**en**	den Polizist**en** --- Polizist**en** keinen Polizist**en**
Akkusativ	den Polizist**en** einen Polizist**en** keinen Polizist**en**	die Polizist**en** --- Polizist**en** keine Polizist**en**	Genitiv	des Polizist**en** eines Polizist**en** keines Polizist**en**	der Polizist**en** --- Polizist**en** keiner Polizist**en**

n-Deklination für maskuline Nomen
mit folgenden **Endungen**:

-e	*der Kollege, der Russe, der Junge, der Hase, der Psychologe, der Biologe*
-ist	*der Journalist, der Sozialist*
-ent	*der Student, der Präsident*
-ant	*der Praktikant, der Elefant*
-at, -et, -it, -ot	*der Kandidat, der Athlet, der Satellit, der Pilot*
-graf, -nom	*der Fotograf, der Gastronom*
außerdem	*der Mensch, der Herr (des Herrn,* Plural: *Herren), der Nachbar, der Bauer, der Architekt, der Kamerad, der Philosoph, der Prinz, der Katholik, der Held, ...*

Einziges neutrales Nomen mit der n-Deklination: **das Herz**

	Singular (neutral)	Plural		Singular (neutral)	Plural
Nominativ	das Herz	die Herz**en**	Dativ	dem Herz**en**	den Herz**en**
Akkusativ	das Herz	die Herz**en**	Genitiv	des Herz**ens**	der Herz**en**

Adjektivische Deklination

Die **adjektivische Deklination** benutzt man für Nomen,

– die **vom Adjektiv** kommen	*arm* ➞	*der Arme, ein Armer, die Arme*
– die **vom Partizip I** kommen	*studierend* ➞	*der Studierende, ein Studierender, die Studierende*
– die **vom Partizip II** kommen	*verletzt* ➞	*der Verletzte, ein Verletzter, die Verletzte*

Die adjektivische Deklination gibt es oft bei **Personen**,	*eine Deutsche, ein Deutscher*
seltener bei **Sachen**.	*alles Liebe, etwas Neues*
Die adjektivische Deklination gilt für Mann **und** Frau.	*der Verletzte, die Verletzte*
Einzige Ausnahme	*der Beamte* (adjektivische Deklination) *die Beamtin* („normale" Deklination)

	maskulin	feminin	neutral	Plural
Nominativ	der Vorgesetzt**e** ein Vorgesetzt**er** kein Vorgesetzt**er**	die Deutsch**e** eine Deutsch**e** keine Deutsch**e**	das Klein**e** ein Klein**es** kein Klein**es**	die Erwachsen**en** --- Erwachsen**e** keine Erwachsen**en**
Akkusativ	den Vorgesetzt**en** einen Vorgesetzt**en** keinen Vorgesetzt**en**	die Deutsch**e** eine Deutsch**e** keine Deutsch**e**	das Klein**e** ein Klein**es** kein Klein**es**	die Erwachsen**en** --- Erwachsen**e** keine Erwachsen**en**
Dativ	dem Vorgesetzt**en** einem Vorgesetzt**en** keinem Vorgesetzt**en**	der Deutsch**en** einer Deutsch**en** keiner Deutsch**en**	dem Klein**en** einem Klein**en** keinem Klein**en**	den Erwachsen**en** --- Erwachsen**en** keinen Erwachsen**en**
Genitiv	des Vorgesetzt**en** eines Vorgesetzt**en** keines Vorgesetzt**en**	der Deutsch**en** einer Deutsch**en** keiner Deutsch**en**	des Klein**en** eines Klein**en** keines Klein**en**	der Erwachsen**en** --- Erwachsen**er** keiner Erwachsen**en**

1 Deklination: Nominativ, Akkusativ, Dativ und Genitiv

a Ergänzen Sie die Endungen (oder –) für die Artikel und markieren Sie.

1 Gehst du heute zu d *em* Meeting? (Nom./Akk./**Dat.**/Gen.)
2 Kennst du schon d...... neuen Personalchef? (Nom./Akk./Dat./Gen.)
3 D...... Fahrrad gehört mir. (Nom./Akk./Dat./Gen.)
4 Rufst du mich Ende d...... Woche an? (Nom./Akk./Dat./Gen.)
5 D...... Politiker glaube ich kein Wort. (Nom./Akk./Dat./Gen.)
6 Wann beginnt dein...... Urlaub? (Nom./Akk./Dat./Gen.)

b Ergänzen Sie die Endungen (oder –) für die Artikel und Nomen.

1 Kannst du dich an d *ie* Leute *–* erinnern, die uns letztes Jahr *–* besucht haben? – Ja, aber ich kann mich weder an den Namen d...... Frau...... noch an den d...... Mann...... erinnern.
2 Warum spielst du nicht mit d...... Kinder...... aus d...... Kindergarten?
3 Du möchtest noch ein...... Wein......? Ruf doch mal d...... Ober......!
4 D...... Vater...... schenkt sein...... Sohn...... ein...... Computer.......
5 Ist das d...... neue Auto d...... Chef......?
6 Ein...... Bistro ist ein...... kleines Lokal......, meistens mit runden Tische.......
7 Ich mache Ende d...... Jahr...... ein...... Reise...... in d...... USA.
8 Wart ihr gestern zu Haus......?

> Genitiv von
> *Chef = Chefs*

c Ergänzen Sie die Endungen.

> Sehr geehrter Herr Meyer,
>
> wir hatten bei Ihrer Firma d...... Ventil für d...... Heizungsanlage HF-4501 bestellt. Meine Frage ist, bis wann Sie d...... Ersatzteil liefern können. Wie Sie wissen, ist ein...... Reparatur d...... Heizungsanlage ohne d...... Ersatzteil nicht möglich. Könnten Sie ein...... Kurier schicken?
> Rufen Sie mich bitte im Lauf...... d...... Tag...... an, um d...... genauen Details zu klären.
>
> Mit freundlichen Grüßen, Ben Neumann

2 n-Deklination

a Ergänzen Sie die Tabelle.

Da ist … (Nom.)	**Ich sehe …** (Akk.)	**Ich helfe …** (Dat.)	**Der Wunsch …** (Gen.)	**Da sind …** (Pl.)
1 *der Junge*	*den Jungen*	*dem Jungen*	*des Jungen*	*die Jungen*
2 der Kollege				
3				die Kunden
4				die Nachbarn
5		dem Menschen		
6		dem Herrn		

b Ergänzen Sie in der richtigen Form.

Herr | Kollege | Gedanke | Nachbar | ~~Name~~ | Bundespräsident | Architekt | Mensch

1 Entschuldigung, wie heißen Sie? Ich habe Ihren *Namen* nicht verstanden.

2 Die britische Königin begrüßt den ....

3 Willst du alle .... zu deinem Betriebsjubiläum einladen?

4 Hat die Sekretärin schon den Brief an .... Lehmann geschrieben?

5 Der neue Bahnhof wurde vom .... Hartmann entworfen.

6 Gestern waren wir im Wald spazieren und haben keinen .... getroffen.

7 Ich bin erst vor drei Tagen hier eingezogen und kenne meine .... noch nicht.

8 Tolle Idee! Wann hattest du denn diesen genialen ....?

> n-Deklination: Nominativ Singular ohne Endung, sonst immer **-*n*** oder **-*en***.

c Ergänzen Sie -*n*, -*en* oder –.

> Liebe Malaika,
>
> neulich war ich mit meiner Nichte und meinem Neffe*n* in Hamburg. Mein Neffe ...1... wollte unbedingt eine Hafenrundfahrt machen – das ist eine Attraktion für Tourist ...2... . Dort haben wir zufällig meinen Nachbar ...3..., Herr ...4... Hansen, getroffen. Er war mit einem Kollege ...5... auf dem Weg zu einer Konferenz. Dann wollten wir zur Speicherstadt und mussten einen Polizist ...6... nach dem Weg fragen. Wir waren dann im *Miniatur Wunderland* – das ist für Mädchen und Junge ...7... interessant.
>
> Liebe Grüße, Toma

d Ergänzen Sie in der richtigen Form.

Augenzeuge | Bauer | Buchstabe | Familienname | Junge | Kunde | Patient | Praktikant | Präsident | Student

1 Wer wählt in Ihrem Heimatland den ....?

2 Gibt es einen .... für den Unfall?

3 Bei uns im Haus wohnt ein .... Er studiert BWL.

4 Ein Arzt hat Schweigepflicht, er darf keine Informationen über einen .... weitergeben.

5 Ich muss erst noch diesen .... beraten, dann sind Sie an der Reihe.

6 Fayyad wünscht sich zwei Kinder, ein Mädchen und einen ....

7 Der Hof eines .... heißt Bauernhof.

8 Mit dem Befehl „Format/Zeichen" kann man die Größe eines .... ändern.

9 Ein .... bekommt normalerweise kein Geld von der Firma, in der er ein Praktikum macht.

10 Kennst du die Bedeutung des .... Müller?

> *Name* und *Buchstabe* gehören zur n-Deklination, bekommen aber im Genitiv Singular zusätzlich zur Endung **-*en*** ein **-*s***.

e Was passt nicht? Streichen Sie durch.

1 Wenn du Probleme hast, könntest du vielleicht zu einem ~~**Psychologe**~~ **/ Psychologen** gehen.

2 Im Kurs gibt es einen **Türke / Türken**, einen **Pole / Polen**, einen **Iraker / Irakern** und drei **Russe / Russen**.

3 Kennst du einen **Schweizer / Schweizern**?

4 Morgen gibt es eine Veranstaltung mit unserem **Ministerpräsident / Ministerpräsidenten**.

5 Toma geht ins Büro des **Chefs / Chefen**, weil er sich über den Schichtplan beschweren möchte. Man kann auch sagen: Er wagt sich in die Höhle des **Löwe / Löwen**.

6 Hast du schon mal mit einem **Franzose / Franzosen** oder mit einem **Syrer / Syrern** gesprochen?

7 Kannst du einen **Bayer / Bayern** verstehen, wenn er Dialekt spricht? – Nein, und einen **Sachse / Sachsen** verstehe ich auch nicht.

8 Gehört dieses Restaurant einem **Grieche / Griechen** oder einem **Italiener / Italienern**?

9 Hast du jemanden getroffen? – Nein, keinen **Mensch / Menschen**.

10 Das Projekt wird von einem **Sozialpädagoge / Sozialpädagogen** geleitet.

11 Ich wünsche dir von **Herz / Herzen** alles Gute!

12 Der **Soziologe / Soziologen** spricht mit einem **Geograf / Geografen**, einem **Landwirt / Landwirten**, einem **Architekt / Architekten** und einem **Installateur / Installateuren**.

> n-Deklination auch für die männlichen Einwohner einiger Bundesländer: *der Bayer, der Hesse, der Sachse, der Westfale*

f Was haben Sie im Zoo gesehen? Ergänzen Sie in der richtige Form.

Affe	Bulle	Eisbär	Elefant	Giraffe	~~Hase~~	Kaninchen	Löwe	Tiger

1 einen *Hasen*

2 einen ……………

3 eine ……………

4 einen ……………

5 einen ……………

6 einen ……………

7 ein ……………

8 einen ……………

9 einen ……………

3 Deklination: Adjektiv als Nomen

Ergänzen Sie die Adjektive und Partizipien als Nomen.

abgeordnet | angehörig | angestellt | auszubildend | ~~deutsch~~ | jugendlich

1 Der Traum vieler *Deutscher* ist ein Eigenheim.

2 Die Firma sucht noch einen .... im Bereich Marketing.

3 Ab welchem Alter dürfen eigentlich .... in eine Disko?

4 Ist das eine .... von Ihnen? – Ja, das ist meine Großtante.

5 Drei .... des Deutschen Bundestages reisten gestern in die Türkei.

6 Viele .... haben Probleme in der Berufsschule.

4 Deklination der Nomen

Ergänzen Sie die Endungen (oder –).

1 ***Banküberfall***

Die Filiale *–* der ZASTER-Bank in der Goethestraße wurde gestern ausgeraubt. Der junge Bankräuber.... hatte den Bankangestellt.... Hugo P. mit einer Pistole.... bedroht und 10.000 Euro gefordert. Der Jugendlich.... entkam unerkannt.

2 **STREIK**

Die Angestellt.... der VerkehrsAG wollen morgen streiken. „Bis 14 Uhr fahren in der ganzen Stadt keine Bus.... und S-Bahn....", so Jens Schmöller, der Direktor der VerkehrsAG, in einem Interview mit unserem Journalist...., „Arbeiter.... und Angestellt.... der VerkehrsAG verlangen einen höheren Stundenlohn...." Auch das Gehalt des Direktor.... sei nicht ausreichend.

3 **Schwerer Unfall in der Schillerstraße**

Weil ein Autofahrer eine rote Ampel.... übersah, kam es in der Nacht auf Donnerstag zu einem schweren Verkehrsunfall..... „Es gab eine Tot.... und drei Schwerverletzt....", so eine Polizeibeamt.... gegenüber unserer Zeitung, „zwei Polizeibeamt.... waren sofort vor Ort...., aber für die Frau.... kam jede Hilfe zu spät."

4 ***Fußball international***

In unserem Fußballverein spielen in dieser Saison ein Syrer...., ein Libanese...., ein Eritreer.... zwei Däne.... und vier Deutsch..... Außerdem konnte der Club noch einen Italiener...., einen Tscheche.... und einen Ungar.... verpflichten. Dem Aufstieg in die 7. Liga steht also nichts mehr im Weg.....

5 ***Kunsthandwerk aus aller Welt***

Eine Deutsch...., eine Russin.... und zwei Polin.... zeigen im Café *Nordlicht*, was man alles aus Wolle zaubern kann. Dazu gehören einfache Socke...., warme Pullover.... oder reich verzierte Kissen.....
Öffnungszeiten: montags bis samstags, 12–20 Uhr.

deutsch ist ein Adjektiv, deshalb:
der Deutsch<u>e</u>,
ein Deutsch<u>er</u>,
die Deutsch<u>e</u>,
eine Deutsch<u>e</u> etc.

Temporale Präpositionen

wann?	
an + Dativ:	
Datum, Wochentag, Wochenende	*am 4. November, am Dienstag, am Wochenende*
Tageszeit, Anfang, Ende	*am Morgen, am Nachmittag, am Anfang*
außerhalb + Genitiv:	
Zeitraum	*außerhalb der Sprechzeiten*
bei + Dativ:	
Aktivität	*beim Frühstück, beim letzten Besuch*
äußere Bedingung	*bei diesem Lärm, bei einer Party*
gegen + Akkusativ:	
Uhrzeit (ungefähr), Tageszeit (ungefähr),	*gegen 17.00 Uhr, gegen Mittag,*
Anfang, Ende	*gegen Ende der Woche*
in + Dativ:	
Zeitpunkt (ab jetzt)	*Ich komme in drei Stunden wieder.*
Nacht, Woche, Monat	*in der Nacht, in der letzten Woche, im Mai*
Jahreszeit, Urlaub, Jahrzehnt, Jahrhundert	*im Frühling, in den Ferien, in den 60er Jahren*
Jahr(e)	*im Jahr(e) 1789*
innerhalb + Genitiv:	
Zeitraum	*innerhalb der Sprechzeiten*
mit + Dativ:	
zwei Zeitpunkte gleichzeitig	*Das Spiel beginnt mit dem Anpfiff.*
Lebensalter	*Mit 18 hat sie Abitur gemacht.*
um + Akkusativ:	
Uhrzeit, Jahreszahl (ungefähr)	*um 20.15 Uhr, um sieben, um 1900*
nach + Dativ:	
Uhrzeit	*Viertel nach drei*
nach einem Zeitpunkt	*nach dem Essen, nach 22.00 Uhr*
Akkusativ + über/über + Akkusativ:	
Zeitraum	*das ganze Jahr über, über das Wochenende*
vor + Dativ:	
Uhrzeit, vor einem Zeitpunkt,	*zehn vor acht, vor 1871*
Zeitpunkt (vor jetzt)	*Sie haben vor zehn Jahren geheiratet.*
während + Genitiv:	
Verlauf einer Zeitdauer	*während des Unterrichts*
zu + Dativ:	
Doppelfeiertage	*zu Weihnachten, zu Pfingsten* (süddeutsch: *an*)
zwischen + Dativ:	
zwei Zeitpunkte	*zwischen 13.00 Uhr und 14.00 Uhr*
ohne Präposition:	
Jahreszahl	*Sie ist 1995 geboren.*
Wochentag	*Mittwoch fahre ich nach Hannover.*
Doppelfeiertage	*Ostern sind wir nicht zu Hause.*
Adverb	*gestern, abends*
(im Akkusativ)	*nächste Woche, letzten Montag*
(im Genitiv)	*eines Tages, eines Nachts* (Ausnahme!)
ab wann?, bis wann?, seit wann?, von wann bis wann?	
ab + Dativ (ohne Artikel mit **Akkusativ**):	
Beginn in der Gegenwart oder Zukunft	*ab sofort, ab morgen*
bis + Akkusativ (mit Artikel **bis zu + Dativ:**	
Ende eines Zeitraums	*bis (um) 16.00 Uhr, bis 1970, bis zum 3. Mai*

seit + Dativ:	
Zeitraum bis jetzt (Präsens)	*Er ist seit einer Woche krank.*
mit Negation (Perfekt)	*Ich habe seit drei Tagen nicht geduscht.*
fast bis jetzt (Perfekt)	*Da ist ja mein Pass! Ich habe ihn seit einer Woche gesucht.*
von + Dativ bis + Akkusativ (mit Artikel **von + Dativ bis zu + Dativ**):	*von drei bis fünf, vom 15. Mai bis zum 12. Juni*
wie lange?	
für + Akkusativ:	
Zeitdauer	*Wir fahren für fünf Tage nach Brüssel.*
über (Adverb):	
länger als ...	*Wir waren über drei Monate in Polen.*
unter (Adverb):	
kürzer als ...	*Wir sind in unter drei Stunden in München.*
zwischen (Adverb): Dauer (ungefähr)	*Wie lange dauert die Reparatur? – Zwischen drei und vier Stunden.*
ohne Präposition (im Akkusativ):	*Wir waren den ganzen Tag am Strand.*
... lang (Adjektiv) Zeitdauer	*Er hat zwölf Stunden lang geschlafen.*
wie oft?	
an + Dativ/in + Dativ	*dreimal am Tag, zweimal im Jahr*
pro + Akkusativ (ohne Artikel)	*einmal pro Monat*
ohne Präposition:	
(im Akkusativ) Singular	*jeden Tag, jede Woche, jedes Jahr*
(im Akkusativ) Plural	*alle vierzehn Tage, alle zwei Monate*

Kausale Präpositionen

warum?, wieso?, weshalb?, aus welchem Grund?	
auf ... (hin) + Akkusativ (ohne Artikel): Reaktion	*auf Wunsch seiner Frau, auf den Rat ihres Hausarztes hin*
aus + Dativ (ohne Artikel): Gefühle	*aus Angst, aus Mitleid*
vor + Dativ (ohne Artikel): bestimmte Verben	*weinen vor Glück, zittern vor Kälte*
wegen + Genitiv: Grund	*wegen der Hitze*

Modale Präpositionen

wie?, auf welche Weise?	
als: Funktion	*Ich benutze einen Stein als Hammer.*
auf + Akkusativ: mit *genau*	*auf den Millimeter genau*
aus + Dativ: Material	*Er baut ein Schiff aus Streichhölzern.*
durch + Akkusativ: auslösende Sache (Passiv)	*Das Haus wurde durch ein Feuer zerstört.*
für + Akkusativ: Zwillingsformel	*Wir lernen die Sprache Schritt für Schritt.*
in + Dativ: Farbe, Größe	*in Rot, in Größe 38*
mit + Dativ: „Werkzeug"	*mit dem Bus, mit einem Löffel*
Dativ + nach: Reihenfolge	*Erzähl mal alles der Reihe nach!*
ohne + Akkusativ: Gegenteil von *mit*	*Ohne Geld kann man nichts kaufen.*
außer + Dativ: abgesehen von	*Ich habe niemanden außer dir.*
unter + Dativ: Umstand	*unter einer Bedingung, unter Umständen*
von + Dativ: Qualität	*eine Nachricht von großer Wichtigkeit*
ausführende Person (Passiv)	*Das wird von ihm bestritten.*
wie: Vergleich	*Er sieht aus wie sein Vater.*
zu + Dativ: Fuß	*zu Fuß*
ohne Präposition: Adjektiv	*Sie gehen ängstlich durch den Wald.*

Lokale Präpositionen

wo?	
bei + Dativ: Person, Firma (Name)	*bei Toma, bei Hedda, bei Karstadt, bei Aldi*
Aktivität	*bei der Arbeit, beim Essen, beim Sport*
in + Dativ: Raum, Behälter	*in der Küche, im Weltraum, in der Flasche*
Medium	*im Buch, im Internet, in der Zeitung*
Land, Landschaft	*in Deutschland, in der Lüneburger Heide*
Gebirge, Gelände	*in den Alpen, im Garten, im Park*
Ort	*in der Stadt, im Dorf, in München*
Straße (Name)	*in der Schillerstraße, im Königsweg*
Himmelsrichtung	*im Süden, im Westen*
auf + Dativ: Fläche	*auf der Straße, auf der Erde, auf der CD*
Berg, Insel/Inselgruppe	*auf der Zugspitze, auf den Balearen*
Veranstaltung	*auf einem Konzert, auf einer Party* (auch: *bei*)
Behörde, Post, Bank	*auf der Post, auf der Passbehörde* (auch: *bei*)
Konto	*auf meinem Konto*
an + Dativ: Linie, Grenze, Rand	*am Rhein, an der Grenze, am Strand*
Punkt	*an der Bushaltestelle, am Nordpol*
innerhalb + Genitiv: in einem Bereich	*innerhalb der Stadt*
außerhalb + Genitiv: nicht in einem Bereich	*außerhalb der Stadt*
wohin?	
zu + Dativ: Person	*zu Toma, zu Hedda, zum Arzt*
Firma (Name)	*zu Lidl, zu Karstadt, zu Siemens*
Aktivität	*zur Arbeit, zum Essen, zum Sport*
Punkt	*zur Bushaltestelle*
in + Akkusativ: Raum	*in die Küche, in den Weltraum*
Behälter	*in die Flasche, in den Suppenteller*
Medium	*ins Buch, ins Internet, in die Zeitung*
Land (mit Artikel)	*in die Schweiz, in den Irak*
Landschaft (mit Artikel)	*in die Schwäbische Alb*
Gebirge, Gelände	*in die Alpen, in den Garten, in den Park*
Ort	*in die Stadt, ins Dorf*
Straße (Name)	*in die Schillerstraße, in den Königsweg*
Himmelsrichtung	*in den Süden, in den Westen*
auf + Akkusativ: Fläche	*auf die Straße, auf die Erde, auf die CD*
Berg	*auf die Zugspitze, auf den Feldberg*
Insel/Inselgruppe (Name)	*auf eine Insel, auf die Balearen*
Veranstaltung	*auf ein Konzert, auf eine Party* (auch: *zu*)
Behörde, Post, Bank	*auf die Post, auf die Ausländerbehörde* (auch: *zu*)
Konto	*auf mein Konto*
zu + Dativ:	
(Information über das Ziel oder die Richtung)	
Punkt/Fläche	*zum Bahnhof, zum Fußballplatz*
Berg	*zur Zugspitze, zum Feldberg*
nach + Dativ (nur ohne Artikel möglich):	
Land (ohne Artikel)	*nach Deutschland, nach Polen*
Landschaft (ohne Artikel)	*nach Ostfriesland*
Ort (Name)	*nach Berlin, nach Köln*
Insel (Name)	*nach Rügen, nach Sylt*
Himmelsrichtung, Adverb	*nach Süden, nach Westen, nach unten*
an + Akkusativ:	
Linie, Grenze, Rand	*an den Rhein, an den Strand* (auch: *zu*)

Lokale Präpositionen

woher?	
von + Dativ: Person	*von Toma, von Hedda, vom Arzt*
Firma (Name)	*von Karstadt, von Aldi, von Siemens*
Aktivität	*von der Arbeit, vom Essen, vom Sport*
Fläche	*von der Straße, von der Erde, von der CD*
Berg	*von der Zugspitze, vom Feldberg*
Insel, Inselgruppe	*von der Insel Rügen, von den Balearen*
Veranstaltung	*von einem Konzert, von einer Party*
Behörde, Post, Bank	*von der Post, von der Passbehörde*
Konto	*von meinem Konto*
Linie, Grenze, Rand	*vom Rhein, von der Grenze, vom Strand*
Punkt	*von der Bushaltestelle, vom Nordpol*
Himmelsrichtung	*von Westen*
Adverb	*von oben, von außerhalb*
aus + Dativ (Gegenteil von *in*): Raum	*aus der Küche, aus dem Weltraum*
Behälter	*aus der Flasche, aus dem Suppenteller*
Medium	*aus einem Buch, aus dem Internet*
Land	*aus Deutschland, aus der Schweiz*
Landschaft	*aus Ostfriesland, aus dem Hunsrück*
Gebirge, Gelände	*aus den Alpen, aus dem Garten*
Ort	*aus der Stadt, aus dem Dorf, aus München*
Straße (Name)	*aus der Schillerstraße, aus dem Grasweg*
Himmelsrichtung	*aus dem Süden, aus Südwest*
„Hause“ und Haus (Gebäude)	
wo?	
„Hause“ mit *zu*	*zu Hause*
kurzer Aufenthalt mit *bei*	*bei der Apotheke*
langer Aufenthalt mit *in*	*im Kino*
wohin?	
„Hause“ mit *nach*	*nach Hause*
kurzer Aufenthalt mit *zu*	*zur Apotheke*
langer Aufenthalt mit *in*	*ins Kino*
woher?	
„Hause“ mit *von zu*	*von zu Hause*
kurzer Aufenthalt mit *von*	*von der Apotheke*
langer Aufenthalt mit *aus*	*aus dem Kino*

Präpositionale Angaben im Satz

Wenn es zwei oder mehr **Angaben** im Satz gibt, ist die **Reihenfolge** normalerweise:
temporal (Zeit): wann?, wie oft?, wie lange?, ...
kausal (Grund): warum?, wieso?, ...
modal (Art und Weise): wie?, ...
lokal (Ort): wo?, wohin?, woher?, ...

(Adverbien im Satz finden Sie in Kapitel 9.)

Ich lebe seit zwei Jahren in Deutschland.
(temporale und lokale Angabe)
Sie geht zu Fuß zur Arbeit.
(modale und lokale Angabe)
Wir fahren am Wochenende wegen des schönen Wetters mit dem Fahrrad an den Strand.
(temporale, kausale, modale und lokale Angabe)

1 Temporale Präpositionen

a Ergänzen Sie die Präpositionen.

~~am~~ | außerhalb | beim | gegen | im | in | innerhalb | mit | über | um | vor | zu | zwischen | – | –

1 Wann kaufst du ein? – Am Nachmittag.
2 Ich bin .... Frühling immer so müde!
3 Dimitra und ihr Mann fahren .... die Feiertage nach Bremen.
4 Wann hat Aristoteles gelebt? – Ich weiß es nicht genau, so .... 350 v. Chr., denke ich.
5 Guten Tag, hier ist der Anrufbeantworter der Arztpraxis Dr. Schröder. Sie rufen leider .... unserer Sprechzeiten an.
6 Warum liest du immer .... Frühstück die Zeitung?
7 Wann wurde das Haus gebaut? – .... 1978.
8 Bitte begleichen Sie den Rechnungsbetrag .... einer Woche.
9 Er konnte schon .... fünf lesen und schreiben.
10 Wann ist die Sekretärin weggegangen? – .... einer Viertelstunde. Aber sie ist .... einer halben Stunde wieder hier.
11 Ich komme abends immer .... fünf von der Arbeit nach Hause.
12 Was wünschst du dir .... Weihnachten?
13 Unser Büro ist .... Weihnachten und Neujahr geschlossen.
14 Was machst du .... nächste Woche?

b Was passt nicht? Streichen Sie durch.

1 Was ist ~~**an der**~~ / **in der** Nacht von Mittwoch auf Donnerstag passiert?
2 Wann beginnt die Konferenz? – **Um / Am** 10.00 Uhr.
3 Wie lange dauert die Reparatur? – **Für / Unter** zwei Stunden.
4 Was willst du **beim / nach dem** Abitur machen? Wann machst du überhaupt dein Abitur? – **Nach / In** einem halben Jahr. Danach will ich Elektrotechnik studieren.
5 Du gehst **für / gegen** ein Jahr nach Frankreich? Bleibst du das ganze Jahr dort oder besuchst du uns mal?
6 **Ab / Vor** 1989 gab es noch kein WWW (World Wide Web).
7 Wann hast du die Abschlussprüfung gemacht? – **Vor / Seit** zwei Monaten.
8 Unser Büro ist **ab / zwischen** dem ersten und dem achten Juli geschlossen.
9 Bitte stören Sie uns nicht **während / in** der Konferenz!
10 Wie lösen wir das Problem? – Das haben wir doch schon **in / bei** unserem letzten Treffen besprochen!

c Ergänzen Sie die temporalen Präpositionen oder –.

Chef: „Frau Schulz, wie lange arbeiten Sie eigentlich schon bei uns?“ Frau Schulz: „ Seit zehn Jahren.“ Chef: „Oh, schon ...1... zehn Jahre?“ Das heißt, Sie sind ...2... zehn Jahren zu uns gekommen?“ Frau Schulz: „Ja, genau.“ Chef: „Äh, wo ist eigentlich Herr Müller? Den habe ich bestimmt schon ...3... einer Woche nicht mehr gesehen.“ Frau Schulz: „Er ist doch ...4... fünf Tage zur Messe gefahren.“ Chef: „Ach ja, das hatte ich ganz vergessen. Findet die Messe denn ...5... alle sechs Monate statt?“ Frau Schulz: „Nein, sie findet ...6... jedes Jahr im Herbst statt. Übrigens, denken Sie immer an Ihre Tabletten gegen Vergesslichkeit?“ Chef: „Natürlich. Wie oft soll ich die eigentlich nehmen?“

Frau Schulz: „Dreimal p...7... Tag. Übrigens: Denken Sie bitte daran, dass ich ...8... zweiten ...9... ...10... dreizehnten Oktober Urlaub habe? Ich fahre ...11... zehn Tage nach Österreich.“

Chef: „Oh nein, was soll ich nur ...12... der Zeit ...13... dem zweiten und dem dreizehnten Oktober ohne Sie machen? Das ist ja ...14... eine Woche!“ Frau Schulz: „...15... dem vierzehnten bin ich ja wieder für Sie da.“ Chef: „Ja, dann einen schönen Urlaub. Bis, äh, wann kommen Sie wieder? Frau Schulz: „...16... vierzehnten Oktober.“

2 Kausale Präpositionen

Ergänzen Sie die Präpositionen.

auf | auf | auf | aus | aus | aus | aus | vor | vor | ~~wegen~~ | wegen | wegen

1 Wieso fährst du so langsam? – Wegen des Nebels.

2 Komm, wir gehen essen. Ich sterbe .... Hunger!

3 Die Mitarbeiter haben .... Anweisung ihres Chefs gehandelt.

4 Der Sieger im 200-Meter-Lauf strahlt .... Glück.

5 .... Anraten meines Arztes treibe ich jetzt regelmäßig Sport.

6 Wieso haben die beiden das Haus nicht gekauft? – .... finanziellen Gründen.

7 Das Büro bleibt heute Nachmittag .... einer Betriebsversammlung geschlossen.

8 Sie kann .... gesundheitlichen Gründen nicht mehr arbeiten.

9 .... den Tipp eines Bekannten hin habe ich mich sofort um diese Stelle beworben.

10 .... welchem Grund sind die Knöpfe bei Jacken für Männer rechts und bei Jacken für Frauen links? – Das weiß ich auch nicht, keine Ahnung.

11 .... der Feiertage erscheint unsere Zeitung erst wieder am Dienstag.

12 .... lauter Langeweile habe ich heute meine Briefmarken neu sortiert.

3 Modale Präpositionen

a Ergänzen Sie die Präpositionen.

als | auf | durch | für | in | ~~mit~~ | nach | ohne | außer | unter | wie | zu

1 Wie fährst du nach Hause? – Mit .... dem Bus.

2 Haben Sie die Schuhe auch .... Größe 43?

3 Ihr behandelt mich .... ein kleines Kind!

4 Dimitra ist sehr pünktlich, sie kommt immer .... die Minute genau zur Arbeit.

5 Max ist eigentlich Koch, aber er arbeitet .... Finanzberater.

6 Stellt euch bitte mal der Größe .... auf!

7 .... deine Hilfe kann ich die Aufgabe nicht lösen.

8 Alle haben heute die Prüfung bestanden. Alle .... Malaika.

9 Bananen können .... den klimatischen Bedingungen in Deutschland nicht wachsen.

10 Ich habe das ganze Buch Seite .... Seite durchgelesen.

11 Können wir .... Fuß zum Bahnhof gehen oder brauchen wir ein Taxi?

12 .... die neue Methode konnte unsere Produktion um 12 % gesteigert werden.

b Was passt? Markieren Sie.

1 Fahren wir mit **die / der** U-Bahn zur Weiterbildung?

2 Malaika geht heute mit **ihrem / ihren** Sohn zum Kinderarzt.

3 Tut uns leid, aber ohne **dem / den** Lieferschein können wir die Lieferung nicht annehmen.

4 Könntest du mir bitte dein Auto leihen? – Na gut, aber nur unter **der / die** Bedingung, dass du vorsichtig fährst!

5 Wir benötigen noch ein Programm für **unseren / unserem** Tag der offenen Tür.

6 Aus **welches / welchem** Material wurde das Produkt hergestellt?

7 Rot mag ich nicht. Ich hätte den Rock gern in **einer anderen / eine andere** Farbe.

8 Die Produktionsleiterin fährt morgen zu **der / die** Firma Baustoffe Meier und bespricht dort mit **dem / der** Geschäftsführung die nächsten Aufträge.

9 Ist für **die / der** Konferenz alles vorbereitet? – Ja, alles außer **dem / der** Catering.

10 Herr Samit hat die Übersetzungen immer zu **unserer / unseren** Zufriedenheit erledigt.

11 Du solltest auf keinen Fall ohne **diese / diesen** Dokumente zum Amt gehen.

12 Warum bist du so stur? Musst du immer mit **den / dem** Kopf durch die Wand?

4 Lokale Präpositionen

a *Wo?* Ergänzen Sie die lokalen Präpositionen.

Hallo Finn,

wie du weißt, wohne ich *in* einem kleinen Dorf, aber gestern war ich ...1... München. Die Stadt liegt ...2... der Isar. Ich wollte Maria besuchen, die ...3... einer großen Wohngemeinschaft wohnt. Also habe ich ...4... Maria geklingelt. Aber ihr Mitbewohner sagte mir, dass sie noch ...5... Sport ist. Also habe ich ...6... Flur auf sie gewartet und ...7... der Zeitung den Lokalteil gelesen. ...8... Karstadt ...9... der Leopoldstraße hatte ein Dieb eine teure Uhr gestohlen, aber die Polizei hat ihn sofort ...10... der Straße ...11... dem Kaufhaus gefasst. Dann habe ich mir ...12... Bäcker ein Hörnchen gekauft und Maria kam endlich nach Hause. Die meisten ihrer Mitbewohner waren nicht ...13... Hause, sondern ...14... Urlaub: ...15... Schwarzwald, ...16... einem Naturschutzgebiet ...17... der Stadt, ...18... der Insel Rügen, einer war sogar ...19... der Türkei. Dann waren Maria und ich noch ...20... Italiener, haben eine Pizza gegessen und uns gut unterhalten. Aber später musste ich los. Leider kam der Bus zu spät und ich musste lange ...21... der Haltestelle auf den Bus warten. Ich war erst um 2.00 Uhr wieder ...22... Hause.

Liebe Grüße, Christian

b *Wo?* Ergänzen Sie die lokalen Präpositionen und die richtigen Endungen.

1 Ich hatte gestern einen Termin *beim* Arzt.
2 Wo ist denn Ihr Kursbuch? – .... Hause.
3 Wo sind denn die Kollegen? – .... Essen.
4 Wo ist denn der große Koffer? .... d............ Dachboden oder .... Keller?
5 Arbeitest du gar nicht mehr .... Opel? – Nein, ich arbeite jetzt .... Ford.
6 Rauchen Sie bitte nur .... d............ Balkon!
7 Hast du das Fleisch .... ein............ Supermarkt gekauft? – Nein, ... d............ Wochenmarkt.
8 Warum muss ich .... d............ Kasse .... Supermarkt immer so lange warten?
9 Wir waren gestern erst .... d............ Marienkirche und dann .... d............ Südfriedhof.
10 Gibt es .... ein............ Tankstelle auch Brot?
11 Wie ist die Lage .... d............ Arbeitsmarkt?
12 Die Kartoffeln liegen .... d............ flachen Teller, die Suppe ist .... tiefen Teller.
13 Wart ihr gestern .... Theater, ... ein............ Restaurant oder .... ein............ Disko? – Nein, wir waren .... Hause.

c *Wohin?* Ergänzen Sie die lokalen Präpositionen.

Mein freier Tag! Ich muss ...

1 um 08.00 Uhr *zum* Arzt,

2 um 09.30 Uhr .... Fayyad,

3 um 10.00 meinen Urlaub buchen, denn ich will .... den Süden, ... die Kanarischen Inseln,

4 um 11.00 Uhr .... Bank und 100 Euro .... Alexanders Konto überweisen,

5 um 11.30 Uhr die Urlaubsfotos .... eine CD brennen,

6 um 12.00 Uhr .... Lena und ihr die CD geben,

7 um 12.40 Uhr .... die Goethestraße,

8 um 12.45 Uhr schnell .... Bushaltestelle,

9 um 12.55 Uhr .... die Post und den Brief an das Finanzamt aufgeben,

10 um 13.00 Uhr mit Anna .... den Strand,

11 um 15.45 Uhr .... Supermarkt und Grillwürstchen einkaufen,

12 um 16.00 Uhr mit Freunden .... den Park zum Grillen,

13 um 19.00 Uhr .... Sport,

14 um 20.00 Uhr mit Ben .... Kino,

15 um 00.00 Uhr .... Bett, denn ich muss morgen wieder .... Arbeit!

d *Wohin?* Ergänzen Sie die lokalen Präpositionen und die richtigen Endungen.

1 Das Interview ist zu Ende und die Bundeskanzlerin geht zurück *ins* Bundeskanzleramt.

2 Eine Kompassnadel zeigt immer .... Norden.

3 Jan geht zum Studium .... Ausland. – Ja, stimmt. Er will .... d........ USA.

4 Du möchtest rauchen? Gehst du bitte .... d........ Balkon?

5 1969 flog Apollo 11 .... Mond und Neil Armstrong setzte als erster Mensch seinen Fuß .... d........ Mond.

6 Warme Luft steigt .... oben.

7 Ich steige .... d........ Bus.

8 Ich fahre gern .... mein........ Heimatstadt.

9 Wir fahren .... Fußballplatz.

10 Sieh mal, die Spieler laufen jetzt .... d........ Fußballplatz.

11 Fahren wir heute .... Heide (= weiblicher Vorname), ... Heide (= eine Stadt) oder .... d........ Heide (f., = eine Landschaft)?

12 Die Norddeutschen fahren im Urlaub gern .... d........ Berge und die Süddeutschen fahren gern .... Meer.

13 Kinder, kommt schnell .... Haus, es regnet bestimmt gleich!

e *Woher?* Ergänzen Sie die lokalen Präpositionen und die richtigen Endungen.

1 Ich möchte 100 Euro *von* m *einem* Konto abheben.

2 Kommst du jetzt erst .... d........ Arbeit nach Hause? – Ja, wir mussten noch eine Lieferung .... Hamburg holen.

3 Trinkst du Cola lieber .... d........ Dose oder .... d........ Flasche?

4 Woher hast du dieses Foto? – .... d........ Internet.

5 Hier ist ein Brief .... Bundesamt für Migration und Flüchtlinge.

6 Ich hole noch schnell Geld .... d........ Bank.

7 Ist das ein Hut .... Mexiko? – Ja, das ist ein Sombrero.

8 Woher weißt du das? – .... mein........ Bruder.

9 Woher weißt du das? – .... d........ Zeitung.

10 Woher kommst du? – .... Hause.

5 Präpositionale Angaben im Satz

Ergänzen Sie die Sätze. Achten Sie auf die Reihenfolge der Angaben.

Sehr geehrte Frau Groß,

(bei meiner Kollegin | am 15. August)

1 Sie haben *am 15. August bei meiner Kollegin* Ersatzteile für die Klimaanlage „ClimaAir C-359“ bestellt.

(per Fax | schon heute Morgen)

2 Ich habe Ihnen .... mitgeteilt, dass die Ersatzteile da sind.

(bei uns im Lager | seit gestern)

3 Die von Ihnen bestellten Teile liegen ....

(ab 13.00 Uhr | bei uns)

4 Sie können sie .... abholen.

(direkt auf die Baustelle | gegen 14.30 Uhr)

5 Oder wir liefern die Ersatzteile ....

(in bar | bei Erhalt)

6 Bitte bezahlen Sie die Ware ....

Mit freundlichen Grüßen
Carsten Lehmann

Adverbien/Partikeln: *erst, schon, nur, noch nicht*

erst (sehr spät), **schon** (sehr früh)	*Einige Gäste kamen schon um 19.30 Uhr. Die letzten kamen erst gegen Mitternacht.*
es ist erst + Temporal-Angabe (sehr früh) **es ist schon** + Temporal-Angabe (sehr spät)	*Es ist schon 8.00 Uhr! Du musst aufstehen. – Nein, es ist erst 7.00 Uhr.*
erst (bis jetzt wenig), **nur** (wenig, abgeschlossen), **schon** (bis jetzt viel)	*Ich habe heute erst ein Brötchen gegessen. – Ich habe heute schon fünf Brötchen gegessen, aber gestern nur ein Brötchen.*
schon (abgeschlossen), **noch nicht/noch kein** (bis jetzt nicht)	*Ich habe das Buch schon gelesen. – Ich habe es noch nicht gelesen.*

Temporale Adverbien

Zeitpunkt	
vor drei Tagen (vorvorgestern), vorgestern, gestern, heute, morgen, übermorgen, **in drei Tagen (überübermorgen)** **gestern Morgen (gestern früh),** **heute Morgen (heute früh), morgen früh** **jetzt, zurzeit** **da** (zu einem bestimmten Zeitpunkt) **vorhin (eben, gerade)** (vor ein paar Sekunden oder Minuten)	*Vorgestern hatte ich einen freien Tag.* *Haben Sie übermorgen um 13.00 Uhr Zeit?* *In drei Tagen beginnt das neue Projekt.* *Ich habe gestern Morgen den Bus verpasst.* *Können Sie mich morgen früh anrufen?* *Die Chefin ist zurzeit im Urlaub.* *Mittwoch um 14.00 Uhr? Da kann ich nicht.* *Toma war vorhin noch hier.*
neulich (kürzlich) (vor ein paar Tagen oder Wochen) **früher** (weit in der Vergangenheit) **damals** (Zeitpunkt in der Vergangenheit, über den man gerade spricht) **sofort** (so schnell wie möglich) **gleich** (in ein paar Sekunden oder Minuten) **bald** (in ein paar Tagen oder Wochen) **endlich** (nach langer Wartezeit)	*Ich habe neulich Hedda auf dem Wochenmarkt getroffen.* *War früher wirklich alles besser?* *Das Foto zeigt mich vor zehn Jahren, damals habe ich noch in Hannover gewohnt.* *Ich komme sofort.* *Ich bin gleich fertig.* *Kommst du bald aus dem Urlaub zurück?* *Da bist du ja endlich!*
Wiederholung	
montags, dienstags, mittwochs, werktags **morgens, mittags, abends** **tagsüber, nachts**	*Dienstags muss ich früher zur Arbeit.* *Mittags essen wir in der Kantine.* *Nachts schlafen die meisten.*
Häufigkeit	
immer, oft (häufig, öfter), manchmal (dann und wann, ab und zu), selten (fast nie), nie	*Wir gehen dann und wann in die Oper.* *Aber wir gehen nie ins Theater.*
Reihenfolge	
(zu)erst, dann (später, anschließend) **schließlich (zuletzt)** **vorher, nachher, davor, danach**	*Zuerst fahren wir zur Baustelle, dann sprechen wir mit dem Architekten.* *Danach haben wir noch eine Besprechung.*

Kausale Adverbien

darum, deshalb, deswegen, daher (meistens auf Position I) Der erste Hauptsatz nennt den Grund.	*Ich habe Hunger, deshalb esse ich ein Brot.* (Grund: Ich habe Hunger.)
nämlich (steht nie auf Position I) Der zweite Hauptsatz nennt den Grund.	*Ich esse ein Brot, ich habe nämlich Hunger.* (Grund: Ich habe Hunger.)

Konzessive Adverbien

trotzdem, dennoch (meistens auf Position I)	*Ich habe keinen Hunger, trotzdem esse ich ein Brot.* (Unerwartete Reaktion: Ich esse ein Brot.)

Konditionale Adverbien

dann (meistens auf Position I) Der zweite Hauptsatz nennt die Bedingung.	*Du willst Deutsch lernen? Dann musst du einen Deutschkurs besuchen.* (Bedingung: Du musst einen Deutschkurs besuchen.)
sonst (meistens auf Position I) Der erste Hauptsatz nennt die Bedingung.	*Du darfst nicht so viel Schokolade essen, sonst wirst du zu dick.* (Bedingung: Du darfst nicht so viel Schokolade essen.)

Konsekutive Adverbien

also (meistens auf Position I)	*Es regnet heute, also können wir nicht grillen.*

Finale Adverbien

dazu, **hierzu** (meistens auf Position I)	*Ich möchte ein Bild aufhängen, dazu brauche ich einen Hammer und einen Nagel.*

Modale Adverbien

als Modal-Angaben allein	
irgendwie, **so**, **ebenso**, **genauso**, **folgendermaßen**, **anders**, **gern**(**e**), **allein**, **zusammen**, **durcheinander**, **umsonst**	*So machen wir das!* *Kannst du den Heizkörper allein tragen oder machen wir das zusammen?*
in Kombination mit anderen Wörtern	
sehr, **besonders**, **ziemlich**, **ganz**, **fast**, **beinah**(**e**), **kaum**, **wenigstens**, **mindestens**, **höchstens**, **genug**, **auch**, **gleichfalls**, **ebenfalls**, **gar nicht**/**kein-**	*Danke, das ist sehr nett von dir.* *Wir brauchen mindestens drei Stunden für die Reparatur.*
subjektiver Kommentar (Modalwörter)	
anscheinend, **echt**, **hoffentlich**, **leider**, **meinetwegen**, **natürlich**, **offenbar**, **sicher**, **sowieso**, **überhaupt**, **übrigens**, **vielleicht**, **wohl**, **glücklicherweise**, **komischerweise**, ...	*Da ist anscheinend ein Fehler passiert.* *Das mache ich natürlich gern.* *Damit ist David überhaupt nicht einverstanden.*

Lokale Adverbien

Ort (wo?)	
außen, **da**, **dort**, **draußen**, **drinnen**, **drüben**, **hier**, **hinten**, **innen**, **irgendwo**, **links**, **nebenan**, **nirgends**, **nirgendwo**, **oben**, **rechts**, **überall**, **unten**, **unterwegs**, **vorn**(**e**)	*Die Kinder spielen draußen.* *Ich kann den Hammer nirgendwo finden. – Er liegt doch da hinten!*
Richtung (wohin?)	
fort, **irgendwohin**, **nirgendwohin**, **zurück**, **nach außen** / **draußen** / ... **hinaus**, **hinein**, **dorthin**, **dahin**	*Heute gehen wir nirgendwohin.* *Zum Rauchen gehen Sie bitte nach draußen!*
Herkunft (woher?)	
von außen / **draußen** / ... **heraus**, **herein**, **dorther**, **daher**	*Kommt der Geruch von draußen?* *Die Kinder kommen aus dem Haus heraus.*

Adverbien im Satz

Kausale, konzessive, konditionale, konsekutive und finale Adverbien: meistens auf **Position I**.	*Ich bin müde, deshalb gehe ich ins Bett.*
Die anderen Adverbien stehen meistens in der Reihenfolge **temporal – modal – lokal**.	*Wir sind morgen pünktlich zurück.*

1 Adverbien/Partikeln: *erst, schon, nur, noch nicht*

Ergänzen Sie *erst, schon, nur* oder *noch*.

In der Kantine

▶ Ist die Mittagspause eigentlich *schon* zu Ende?

▷ Nein, es ist ....1.......... Viertel vor eins, wir haben noch Zeit. Arbeiten Sie ....2.......... lange hier?

▶ Nein, ich arbeite ....3.......... seit einer Woche in der Firma und kenne deshalb ....4.......... nicht alle Kollegen.

▷ Ach so, deshalb habe ich Sie hier ....5.......... nie gesehen.

▶ Haben Sie ....6.......... gegessen?

▷ Ja, aber ....7.......... einen Salat. Müssen Sie gleich wieder arbeiten?

▶ Nein, ...8.......... in einer halben Stunde.

▷ Haben Sie ....9.......... mal den Veggie-Burger probiert? Der ist ganz lecker.

▶ Nein, bis jetzt ....10.......... nicht.

▷ Arbeiten Sie Vollzeit?

▶ Nein, ...11.......... vier Stunden pro Tag. Ich habe einen Sohn, der ist ....12.......... zwei Jahre alt und der Kindergarten ist ....13.......... bis 14.00 Uhr geöffnet. Haben Sie auch Kinder?

▷ ....14.......... eine Tochter, die ist aber ....15.......... 30 Jahre alt und hat auch ....16.......... selbst ein Kind. Ich bin also ....17.......... Großmutter.

▶ Oh, jetzt ist es aber ....18.......... zehn nach eins! Ich muss schnell wieder ins Büro.

2 Temporale Adverbien

a Was passt nicht? Streichen Sie durch.

1 ▶ Hallo Sophie, hier ist Alexander. Wann können wir uns **endlich / ~~sofort~~ / ~~neulich~~** mal wieder treffen? Hast du Freitagabend Zeit?

2 ▷ Nein, **bald / gleich / da** habe ich keine Zeit, **gerade / früher / freitags** bin ich immer beim Sport. Wie wäre es am Samstag?

3 ▶ Entschuldigung, was hast du **damals / gerade / kürzlich** gesagt?

4 ▷ Kannst du am Samstag?

5 ▶ Da gehe ich mit Ben ins Kino. Wir wollen **zurzeit / früher / vorher** noch essen gehen und **nachher / plötzlich / öfter** noch in eine Kneipe. Willst du nicht mitkommen?

6 ▷ Nein, lieber nicht. Das klingt doch eher nach einem Männerabend. Können wir uns vielleicht am Mittwoch treffen?

7 ▶ Oh, ich habe **zurzeit / damals / zuletzt** viel zu tun. Unter der Woche geht es gar nicht.

8 ▷ Ich glaube, **sofort / da / früher** hatten wir mehr Zeit. Als wir noch in der Schule waren ...

9 ▶ Ja, **endlich / damals / dann** ... Das war eine schöne Zeit. Äh, du hast doch **neulich / gleich / vorhin** gesagt, dass du Freitagabend Zeit hast. Könnten wir uns nicht nach meinem Sport treffen? Das wäre dann aber erst um 21.00 Uhr.

10 ▷ Ja, das geht. Ich gehe ja **abends / jetzt / zuerst** nicht so früh ins Bett.

11 ▶ Gut, also bis **danach / dann / sofort**!

b Ergänzen Sie.

werktags | ab und zu | dann | nie | übermorgen | zuerst | gleich | immer | vorgestern | schließlich | ~~bald~~

1 Ich muss auf eine Geschäftsreise nach Tokio, aber ich bin *bald* wieder da.

2 Wann steht ihr sonntags .... auf? – Um 9 Uhr, weil wir jeden Sonntag um 10 Uhr zum Sport gehen.

3 Wie oft gehst du ins Kino? – .... Ungefähr ein- bis zweimal im Monat.

4 Ist mein Termin ....? – Nein, Sie sind zu spät. Ihr Termin war ....

5 Fährt der Zug nur ....?

6 Warst du noch .... im Theater?

7 .... sind wir nach Berlin gefahren. .... haben wir ein paar schöne Tage in Polen verbracht. .... waren wir noch in Leipzig.

8 Ich bin schon in der Goethestraße und komme .... nach Hause.

3 Kausale, konzessive, konditionale, konsekutive und finale Adverbien

a *darum / deshalb / deswegen / daher* oder *trotzdem / dennoch*? Kreuzen Sie an.

1 Fadi kommt aus dem Iran,
- a ☐ dennoch spricht er perfekt Persisch.
- b ☒ deshalb spricht er perfekt Persisch.

2 Er spricht gut Englisch und Holländisch,
- a ☐ daher war es für ihn nicht so schwer, Deutsch zu lernen.
- b ☐ trotzdem war es für ihn nicht so schwer, Deutsch zu lernen.

3 Er hätte gern mehr Zeit für Hobbys,
- a ☐ darum macht er einen Fortbildungskurs an der IHK.
- b ☐ dennoch macht er einen Fortbildungskurs an der IHK.

4 Seine Mutter ist Tunesierin,
- a ☐ trotzdem ist er zweisprachig (Persisch und Arabisch) aufgewachsen.
- b ☐ deswegen ist er zweisprachig (Persisch und Arabisch) aufgewachsen.

> **kausale** Adverbien *(darum, deshalb, deswegen, daher, nämlich)*: nennen einen Grund
>
> **konzessive** Adverbien *(trotzdem, dennoch)*: nennen eine unerwartete Reaktion

b Was passt? Markieren Sie.

1 Malaika ist müde, **deswegen / nämlich / trotzdem** geht sie ins Bett.

2 Ich komme nicht mit ins Kino, ich habe den Film **dennoch / trotzdem / nämlich** schon gesehen.

3 Ich habe den Film schon gesehen, **daher / trotzdem / nämlich** komme ich mit ins Kino.

4 Kaviar ist zu teuer, **deshalb / dennoch / trotzdem** müssen wir Fischbrötchen essen.

5 Es hat die ganze Zeit geregnet, **nämlich / dennoch / darum** haben wir uns gut erholt.

6 In Deutschland wachsen keine Bananen, es ist hier **trotzdem / deswegen / nämlich** zu kalt.

7 Das Programm funktioniert nicht mehr, **trotzdem / nämlich / darum** installiere ich ein Update.

8 Ich habe das Update installiert, **deshalb / trotzdem / darum** funktioniert das Programm nicht.

9 Die Kursleiterin hat die Grammatikregel erklärt, **deswegen / nämlich / trotzdem** habe ich nichts verstanden.

10 Ich frage die Kursleiterin noch einmal, ich habe die Grammatikregel **darum / trotzdem / nämlich** noch nicht verstanden.

c Was passt zusammen? Ordnen Sie zu.

1 [b] Wir müssen jetzt los,
2 [ ] Ich weiß noch nicht, welches T-Shirt mir am besten gefällt,
3 [ ] Zieh deine Winterjacke an,
4 [ ] Ich möchte die neue Software benutzen,
5 [ ] Sein Festnetz-Telefon ist besetzt,
6 [ ] Das Gesetz ist veraltet,
7 [ ] Es gibt einen Streik,
8 [ ] Ist das Rücklicht an deinem Fahrrad kaputt?
9 [ ] Ich möchte den Text richtig verstehen,
10 [ ] Nimm doch einen Regenschirm mit,
11 [ ] Nhan feiert eine Party,
12 [ ] Wir fangen jetzt an,

a **also** ist er zu Hause.
b **sonst** schaffen wir es nicht rechtzeitig zum Bus.
c **hierzu** schlage ich alle unbekannten Wörter im Wörterbuch nach.
d **sonst** erkältest du dich!
e er hat **nämlich** seine Prüfung bestanden.
f **also** probiere ich sie alle an.
g **dann** wirst du nicht nass!
h **sonst** werden wir nie fertig.
i **daher** fahren die U-Bahnen heute nicht.
j **hierzu** lese ich erst einmal die Gebrauchsanleitung.
k **deswegen** fordern wir eine Reform.
l **Dann** musst du es reparieren.

konditionale Adverbien *(dann, sonst)*: nennen eine Bedingung

konsekutive Adverbien *(also)*: nennen eine Folge

finale Adverbien *(dazu, hierzu)*: nennen einen Zweck

Kausale, **konzessive**, **konditionale**, **konsekutive** und **finale** Adverbien verbinden zwei Hauptsätze.

d *darum, nämlich* oder *trotzdem?* Schreiben Sie.

Deutsch lernen in zwei Wochen!

SPRACHURLAUB IN DEUTSCHLAND

14 Tage in einem Luxushotel in Schleswig ★ vormittags Deutschkurse mit qualifizierten Lehrkräften ★ nachmittags Aktivitäten in der Stadt, abends viele Freizeitangebote

Sprach-Abenteuer GmbH, Pionierstraße 145, 24837 Schleswig

David Moore
147, Nailsworth Court
London SE 15
Großbritannien

Sprach-Abenteuer GmbH
Pionierstraße 145
24837 Schleswig

Beschwerde über Sprachurlaub

London, 14. Februar 20xx

Sehr geehrte Damen und Herren,

1 ich wollte schon immer gern Deutsch lernen, *darum habe ich Ihren Sprachurlaub gebucht.*
(Ich habe Ihren Sprachurlaub gebucht.)

2 Die deutsche Sprache ist für mich sehr wichtig, ……………………
…………………… (Ich werde ab August für eine deutsche Firma arbeiten.)

3 Die Kurse am Vormittag habe ich regelmäßig besucht, ……………………
…………………… (Ich habe nichts gelernt.)

4 Die „qualifizierten Lehrkräfte" hatten alle keine Erfahrung, ……………………
…………………… (Der Unterricht war sehr langweilig.)

5 Es gab fast keine Freizeitangebote, ……………………
…………………… (Wir haben nur ein Mal etwas unternommen.)

6 Im Hotel gab es nur eine Dusche pro Etage, ……………………
…………………… (Man kann nicht von einem Luxushotel sprechen.)

7 Ich war mit Ihrem Angebot überhaupt nicht zufrieden,
……………………
…………………… (Ich möchte Sie bitten, mir 50 % der Reisekosten zu erstatten.)

Mit freundlichen Grüßen
David Moore

4 Modale Adverbien

a Was passt? Markieren Sie.

1 Hallo Tobias, können wir den Lieferwagen heute Nachmittag **umsonst / zusammen / gern** beladen?

2 Ich weiß sonst **besonders / echt / ganz** nicht, wie ich das schaffen soll.

3 Wenn wir zu zweit arbeiten, muss ich nicht alles **anders / mindestens / allein** tragen und **wohl / vielleicht / genug** ist alles gar nicht **übrigens / komischerweise / so** schlimm.

4 Wir brauchen nämlich für morgen **durcheinander / meinetwegen / ziemlich** viel Material.

5 Wenn du mir hilfst, brauchen wir **offenbar / höchstens / genauso** zwei Stunden.

6 Wir müssen alles **mindestens / irgendwie / ebenso** mit einer Ladung transportieren, **ziemlich / so / ebenfalls** hat sich der Chef das jedenfalls vorgestellt.

7 Er will nicht **gern / wenigstens / überhaupt**, dass wir zweimal fahren.

8 Insgesamt müssen wir **genauso / ziemlich / fast** zwei Tonnen Material laden, also **mindestens / übrigens / besonders** viel.

9 Am besten gehen wir **glücklicherweise / folgendermaßen / ebenfalls** vor: erst die großen Teile, dann die kleinen.

10 Wir müssen **sowieso / hoffentlich / fast** noch ein bisschen Platz übrig lassen, denn morgen früh müssen wir noch Teile bei der Firma Bauer & Co. holen.

b Ergänzen Sie.

anscheinend	natürlich	höchstens	gar	leider	~~kaum~~	sehr	beinahe	gleichfalls

1 Frau Hansen? Die kenne ich *kaum*.

2 Sie müssen immer pünktlich sein! – ...., das verstehe ich.

3 Ich habe mich .... über die vielen Geschenke gefreut.

4 Schönes Wochenende! – Danke, ...!

5 Ich kann heute .... nicht zu unserer Verabredung kommen.

6 Fayyad ist heute nicht zur Arbeit gekommen, ... ist er krank.

7 Wir hatten gestern .... einen Unfall.

8 Hier darf man .... 50 km/h fahren.

9 Hast du denn .... nichts gelernt?

> **modale** Adverbien: nennen die Art und Weise, wie etwas geschieht

5 Lokale Adverbien

a Wo sind die Punkte? Ergänzen Sie.

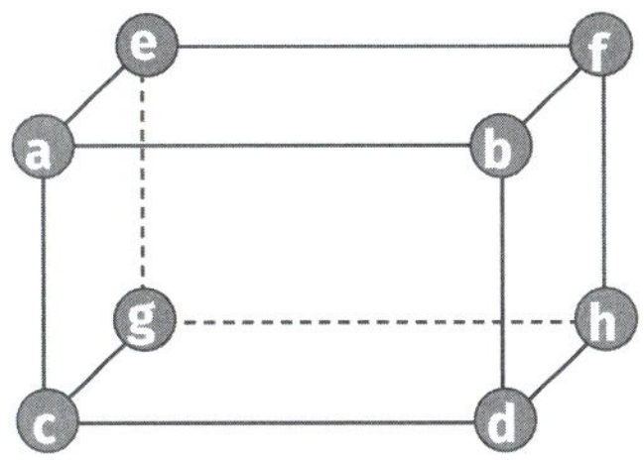

a: *oben, links, vorn(e)* ....
e: ....
b: ....
f: ....
c: ....
g: ....
d: ....
h: ....

b Was passt? Ergänzen Sie.

1 Wo ist die Adler-Apotheke? – Da *drüben* .... (überall / unterwegs / drüben)

2 Spielen die Kinder ....? (außen / draußen / heraus)

3 Der Hauptbahnhof ist da .... (hinten / überall / dort)

4 Ich habe meinen Schlüssel .... gesucht. (fort / herein / überall)
Aber ich kann ihn .... finden. (da / nirgends / vorne)

5 Wohin wollt ihr im Urlaub? – Egal, ... (dort / irgendwohin / drüben)

6 Entschuldigung, wo finde ich Frau Müller? – ...., im dritten Stock. (oben / hinein / dorther)

7 Entschuldigung, ich muss gleich aussteigen. Dürfte ich mal kurz ....? (vorne / da / vorbei)

8 Ist hier die Beratungsstelle? – Nein, die ist im Haus .... (daneben / irgendwohin / nebenan)

9 Kinder, bei diesem Regen müsst ihr .... spielen. (drinnen / innen / nirgendwo)

6 Adverbien im Satz

Ergänzen Sie die Sätze. Achten Sie auf die Reihenfolge der Adverbien.

1 Es regnet, deshalb spielen wir *heute drinnen* .... (drinnen | heute)

2 Wo ist die Chefin? Sie war .... (vorhin | hier)

3 Wir müssen .... kommen. (irgendwie | dorthin)

4 Bist du ....? (hier | gern)

5 Wir sind .... (gleich | da)

6 Das war am 15. Mai, ... (vorgestern | also)

7 Wo ist Herr Schulte? Ist er ....? (nebenan | vielleicht)

8 Warst du ....? (unterwegs | ganz allein | damals)

9 Ich will Johanna besuchen. Sie ist .... (hoffentlich | da)

10 Schläft euer Hund ....? (draußen | nachts)

11 Komm, wir fahren .... (zusammen | irgendwohin | heute Abend)

12 Fährst du jetzt zur Messe? – Nein, ich fahre .... (dahin | erst später)

W-Fragen

Eine **W-Frage** beginnt immer mit einem **Fragepronomen** auf **Position I**. Das **konjugierte Verb** steht auf **Position II**. Die W-Frage ist eine offene Frage, jede Antwort ist möglich. (Indirekte Fragen mit Fragepronomen finden Sie in Kapitel 11.)	*Wieso kommt Tobias heute nicht?* *Er muss länger arbeiten.* *Wohin fährst du heute?* *Ich fahre zur Baustelle in der Akazienstraße.*
Fragepronomen fragen nach dem **Subjekt** oder einem **Objekt**. – Nominativ (Subjekt): **wer?** (Personen), **was?** (Sachen) – Akkusativ-Objekt: **wen?** (Personen) **was?** (Sachen) – Dativ-Objekt: **wem?** – Genitiv-Objekt: **wessen?** – Präpositional-Objekt: **an wen?**, **mit wem?**, … (Personen) **woran?**, **womit?**, … (Sachen)	 *Wer hat meinen Kuli?* *Was hast du gestern gemacht?* *Wen müssen wir noch informieren?* *Was stellt diese Firma her?* *Wem nützt das neue Gesetz?* *Wessen wird er beschuldigt?* *Mit wem arbeitest du zusammen?* *Woran denkst du?*
Fragepronomen fragen nach einer **adverbialen Angabe**. (Adverbien finden Sie in Kapitel 9.) – temporal (Zeit): **wann?**, **wie oft?**, **wie lange?** … – kausal (Grund): **warum?**, **wieso?**, … – modal (Art und Weise): **wie?**, … – lokal (Ort): **wo?**, **wohin?**, **woher?**, …	 *Wie lange dauern die Betriebsferien?* *Warum müssen wir heute Überstunden machen?* *Wie lösen wir dieses Problem?* *Wo werden die Lohnabrechnungen gemacht?*
Fragepronomen fragen nach einem **Attribut**. – bestimmter Artikel: **welch-?** – unbestimmter Artikel: **was für (ein-)?** – Genitiv-Attribut: **wessen?** (Personen)	 *Welche Farbe möchten Sie?* *Was für eine Schraube ist das?* *Mit wessen Auto seid ihr gefahren?*
Es gibt auch viele Kombinationen mit anderen Wörtern.	*seit wann?, ab wann?, von wann bis wann?, von wo bis wo?, mit welchem Bus?, um wie viel Uhr?, an welchem Tag?, wie viel Geld?, wie alt?, wie teuer?, …*

Ja/Nein-Fragen

Eine **Ja/Nein-Frage** beginnt mit dem **konjugierten Verb** auf **Position I**. Als Antwort ist eine Zustimmung oder Ablehnung möglich. (Indirekte Fragen ohne Fragepronomen finden Sie in Kapitel 11.)	*Kommen Sie aus Syrien?* *Ja. / Nein. / Natürlich. / Sicher. …*

Aussagesätze

Ein **Aussagesatz** beginnt mit dem **Subjekt** oder einem anderen **Satz-Element** auf **Position I**. Das **konjugierten Verb** steht auf **Position II**. (Indirekte Aussagesätze finden Sie in Kapitel 11.)	*Ich fahre morgen nach Hamburg.* *Morgen fahre ich nach Hamburg.* *Die Heizungsanlage funktioniert wieder.*
Konjunktionen auf Position Null verändern die Satzstellung nicht: *und, oder, denn, aber, doch, sondern.*	*Ich kann dich nicht besuchen, denn ich fahre morgen nach Hamburg.*

Imperativ

Sie

Der Imperativ für *Sie* beginnt mit dem **konjugierten Verb** auf **Position I**:	*Lesen Sie den Text!*
Sie machen → ***machen** Sie!*	
Der Imperativ für *Sie* hat ein Subjekt.	*Hören Sie den Dialog!*
Bei trennbaren Verben steht das Präfix am Ende.	*Schreiben Sie die Telefonnummer auf!*
sein hat eine eigene Form.	*Seien Sie bitte leise!*

du

Der Imperativ für *du* beginnt mit dem **Verbstamm** (ohne Endung) auf **Position I**:	*Komm nicht zu spät nach Hause!*
~~du~~ mach~~st~~ → ***mach**!*	
Der Imperativ für *du* hat **kein Subjekt**.	*Mach deine Arbeit!*
Bei trennbaren Verben steht das Präfix am Ende.	*Denk doch mal nach!*
Bei Verben mit e/i-Wechsel (*du gibst, du nimmst*): **Imperativ mit e/i-Wechsel**	geben: *Gib mir mal den Hammer!* nehmen: *Nimm dir doch noch ein Stück Kuchen!*
Bei Verben mit Umlaut (*du schläfst, du fährst*): **Imperativ ohne Umlaut**	schlafen: *Schlaf jetzt!* fahren: *Fahr nicht so schnell!*
Bei Verben, die im Präsens ein extra **-e** haben, (*du arbeitest, du rechnest*): **Imperativ mit -e**	antworten: *Antworte mir!* rechnen: *Rechne Aufgabe 3!*
Bei Verben auf -eln, -ern, igen: (*entwickeln, speichern, entschuldigen*) **Imperativ mit -e**	entwickeln: *Entwickle eine Strategie!* (Bei Verben auf -*eln* fällt das -e- weg.) speichern: *Speichere die Datei!* entschuldigen: *Entschuldige bitte!*
sein, haben und *werden* haben eigene Formen.	sein: *Sei mir nicht böse!* haben: *Hab doch etwas Geduld!* werden: *Werd(e) nicht nervös!*

ihr

Der Imperativ für *ihr* beginnt mit dem **konjugierten Verb** auf **Position I**:	*Seid bitte leise!*
~~ihr~~ macht → ***macht**!*	
Der Imperativ für *ihr* hat **kein Subjekt**.	*Hört den Dialog!*
Bei trennbaren Verben steht das Präfix am Ende.	*Kommt doch mit!*

wir

Der Imperativ für *wir* beginnt mit dem **konjugierten Verb** auf **Position I**:	*Gehen wir nach Hause!*
wir machen → ***machen** wir!*	
Der Imperativ für *wir* hat ein Subjekt.	*Lassen wir das!*
Bei trennbaren Verben steht das Präfix am Ende.	*Fahren wir endlich los!*
sein hat eine eigene Form.	*Seien wir mal ehrlich!*

Position des Verbs im Satz

		Position Null	**Position I**	**Position II**	
W-Frage			Wozu	brauchst	du Geld?
Ja/Nein-Frage				Brauchst	du Geld?
Aussagesatz			Ich	brauche	Geld.
	Ich brauche Geld,	denn	ich	will	einkaufen.
Imperativ				Kauf	endlich ein!

1 W-Fragen

a Ergänzen Sie.

~~warum~~ | was | wohin | wer | wie | wem | wie lange | woher | wen

1 *Warum* lernen Sie Deutsch? – Ich brauche die Sprache für meine Arbeit.
2 .... kommt ihr? – Wir kommen aus Syrien.
3 .... ist das? – Das ist Hedda.
4 .... ist das? – Das ist ein Bleistift.
5 .... leben Sie schon in Deutschland? – Drei Jahre.
6 .... ist Ihr Name? – Mein Name ist Fadi Samet.
7 .... gehört das Kursbuch? – Das gehört Fatima.
8 .... rufst du an? – Meine Eltern in Tunesien.
9 .... gehst du? – Nach Hause.

wie viele + Nomen im Plural

b Ergänzen Sie die passenden Fragepronomen.

1 *Bis wann* braucht die Chefin die Präsentation für die Konferenz? – Bis Dienstag.
2 .... Geld können wir für das Catering einplanen? – 70 Euro pro Teilnehmer.
3 .... Personen kommen zur Konferenz? – Es haben sich 180 Personen angemeldet.
4 .... kommen die Konferenzteilnehmer vom Bahnhof oder vom Flughafen zum Konferenzort? – Wir haben einen Shuttle-Service eingerichtet.
5 .... reisen die Teilnehmer wieder ab? – Das Ende der Konferenz ist für 17 Uhr geplant.
6 .... müssen wir noch informieren? – Die lokale Presse.

c Schreiben Sie W-Fragen.

1 Ihr Name | sein | wie *Wie ist Ihr Name?*
2 Sie | wo | wohnen ....
3 welche Ausbildung | gemacht haben | Sie
....
4 Sie | wie viel Erfahrung in dieser Branche | haben
....
5 können aufweisen | Sie | welche sonstigen Qualifikationen
....
6 warum | Sie | in unserer Firma | arbeiten wollen
....

7 wann | anfangen können | Sie | bei uns

....

8 haben | Sie | welche Hobbys und besonderen Interessen

....

9 Sie | haben | welche Gehaltsvorstellungen

....

d Was passt nicht? Streichen Sie durch.

1 **In wen / ~~Worin~~** hast du dich verliebt? – In Sophie.
2 **An wen / Woran** soll ich Sie erinnern? – An den Termin bei Dr. Schmidt.
3 **Worüber / Worauf** freuen wir uns? – Auf die Sommerferien.
4 **Mit wem / Womit** hast du Karten gespielt? – Mit Hedda und ihrem Mann.
5 **Aus wem / Woraus** ist der Schrank? – Aus Holz.
6 **Von wem / Wovon** habt ihr gerade gesprochen? – Von unserer Chefin.
7 **Zu wem / Wozu** habt ihr ihm gratuliert? – Zu seiner Meisterprüfung.
8 **An wen / Woran** hast du geschrieben? – An meinen alten Freund Toma.
9 **Nach wem / Wonach** schmeckt das Eis? – Nach Banane.
10 **An wem / Woran** ist Herr Hartmann erkrankt? – An einer Infektion.
11 **Aus wem / Woraus** besteht Wasser? – Aus Wasserstoff (H) und Sauerstoff (O).
12 **Mit wem / Womit** haben Sie telefoniert? – Mit meinem Sohn.

Fragen für Personen:
an wen? mit wem? ...

Fragen für Sachen:
wonach? wovon? ...
Bei Präpositionen, die mit einem **Vokal** beginnen, mit **-r-**:
wo + aus = woraus?
wo + an = woran?
...

e Ergänzen Sie die passenden Fragepronomen.

1 *Worüber* wollen wir heute in der Teamsitzung diskutieren? – **Über** den neuen Schichtplan.
2 *Von wem* soll ich unsere kranke Kollegin Anita grüßen? – **Von** uns allen!
3 .... geht's? – **Um** Probleme mit meinem Kollegen Müller.
4 .... leidet Anita eigentlich? – **An** einer starken Grippe.
5 .... sollen wir achten? – **Auf** die Einhaltung der Qualitätsnormen.
6 .... sollen wir Ihnen helfen? – **Bei** der Erstellung des Urlaubsplans.
7 .... habt ihr euch beschwert? – **Bei** der Personalchefin.
8 .... habt ihr euch beschwert? – **Über** den schmutzigen Pausenraum.
9 .... hast du dich gestritten? – **Mit** meiner Kollegin Maria.
10 .... hat der Chef euch eingeladen? – **Zur** Weihnachtsfeier.
11 .... hast du dich .... unterhalten? – **Mit** meinen Kollegen **über** die Kantine.
12 .... hat die Personalchefin gefragt? – **Nach** dir.

f Was passt? Markieren Sie.

1 In **welcher / was für einer** Klinik arbeitet Dimitra? – In der Elbstrand Klinik.

2 In **welchem / was für einem** Land möchte Dimitra Urlaub machen? – In ihrem Heimatland.

3 **Welches / Was für ein** Auto möchte Dimitra kaufen? – Sie möchte ein Auto mit einem großen Kofferraum kaufen.

4 Von **welchem / was für einem** Urlaub träumt Dimitra? – Von einem Urlaub am Strand.

5 **Welchen / Was für** Mitarbeitern erklärt sie die Strukturen der Klinik? – Den neuen.

6 **Welches / Was für ein** Zimmer hat sie im Altstadthotel gebucht? – Ein Einzelzimmer.

> Frage mit ***welch-***:
> **Auswahl** aus einer **Gruppe / Menge**,
> Antwort mit dem **bestimmten Artikel.**
> *Welches Kleid* möchtest du? – *Das rote.*
>
> Frage mit ***was für (ein-)***:
> **Eigenschaft** von **Sachen / Personen**,
> Antwort mit dem **unbest. Artikel / Nullartikel.**
> *Was für ein Kleid* möchtest du? – *Ein rotes.*

7 **Welches / Was für ein** Ei hat Dimitra zum Frühstück bestellt? – Ein Spiegelei.

8 An **welchem / was für einem** Tisch hat Dimitra gesessen? – Am Tisch mit der Nummer 13.

9 **Welchen / Was für einen** Gutschein bekommt Dimitra? – Einen Gutschein für eine Übernachtung im Altstadthotel.

10 **Welchen / Was für einen** Brief schreibt Dimitra? – Sie schreibt einen Beschwerdebrief.

g Fragen Sie mit *welch-*, *was für (ein-)* oder *wessen* nach den unterstrichenen Satzgliedern wie im Beispiel.

1 Hedda hat einen schwarzen Mantel gekauft.

Was für einen Mantel hat Hedda gekauft?

2 Die Frage, ob wir die Wohnung mieten, ist noch nicht geklärt.

Welche Frage ist noch nicht geklärt?

3 Herrn Lehmanns Auto ist kaputt.

Wessen Auto ist kaputt?

4 Das ist eine gute Idee.

....

5 Eine warme Jacke mit Kapuze nennt man Anorak.

....

6 Die Information, dass wir am Freitag länger arbeiten müssen, ist neu.

....

7 Der Junge, mit dem ich vorhin gesprochen habe, wohnt in der Lessingstraße.

....

8 Marias Eltern kommen morgen zu Besuch.

9 Vegetarier sind Personen, die kein Fleisch essen.

10 Wir fahren mit Sofies Auto nach Hannover.

11 Das sind unlösbare Probleme.

12 Sie waren gestern Abend bei Tobias' Bruder.

2 Ja/Nein-Fragen

a Schreiben Sie Ja/Nein-Fragen.

1 Sie | leben | schon lange in Deutschland
Leben Sie schon lange in Deutschland?

2 wohnen | in Hamburg | Sie

3 Ihre Familie | auch in Deutschland | leben

4 Sie | machen wollen | eine Berufsausbildung

5 in Ihrem Heimatland | Sie | studieren haben

6 in Ihrer Heimat auch eine duale Berufsausbildung | geben | es

7 Sie | mögen | das Leben in Deutschland und die deutsche Kultur

8 lesen | gern Bücher auf Deutsch | Sie

9 Sie | haben | Kontakt mit Deutschen

10 haben | Branchenkenntnisse | Sie

b Antworten Sie mit *ja*, *nein* oder *doch*.

> **Antworten auf positive Fragen:** ***ja*** **/*nein***
> *Hast du ein Auto?*
> *– Ja, ich habe ein Auto.*
> *– Nein, ich habe kein Auto.*
>
> **Antworten auf negative Fragen:** ***nein*****/*doch***
> *Hast du kein Auto?*
> *– Nein, ich habe kein Auto.*
> *– Doch, ich habe ein Auto.*

1 Bist du nicht oft in der Kantine? – Doch, ich bin oft hier.

2 Isst du gern Fisch? – ...., ich esse gern Fisch.

3 Ist das da drüben nicht der Chef von Müller & Co.? – ...., das ist Herr Fischer, unser neuer Filialleiter.

4 Nimmst du heute keinen Nachtisch? – ...., ich habe noch einen Joghurt in meinem Büro.

5 Gehst du heute nicht zum Meeting? – ...., ich gehe heute zum Meeting.

6 Warst du gestern eigentlich krank? – ...., gestern war ich krank.

7 Ist das da hinten nicht Dimitra? – ...., das ist Hedda.

8 Ist die Pause schon zu Ende? – ...., wir haben noch zehn Minuten Zeit.

9 Kommst du heute nicht mit zur After-Work-Party? – ...., klar.

10 Isst du nie Fleisch? – ...., ich bin Vegetarier.

c Antworten Sie wie im Beispiel.

> **Antworten für Personen:**
> *an ihn, mit ihr, ...*
>
> **Antworten für Sachen:**
> *danach, davon, ...*
> Bei Präpositionen, die mit einem **Vokal** beginnen, mit **-r-**:
> *da + aus = daraus*
> *da + an = daran*
> ...

1 Hast du dich in Jan verliebt? – Ja, ich habe mich in ihn verliebt.

2 Denkst du gern an den letzten Urlaub? – Nein, ich denke nicht gern daran.

3 Hat Paul sich für seinen Fehler entschuldigt? – Ja, ...

4 Kann ich mich auf dich verlassen? – Ja, ...

5 Habt ihr mit Max gesprochen? – Nein, ...

6 Hast du ihm nicht für seine Hilfe gedankt? – Doch, ...

7 Habt ihr schon für den Kurs bezahlt? – Ja, ...

8 Hat Herr Müller nach mir gefragt? – Ja, ...

9 Hast du dich über die kaputte Heizung beschwert? – Ja, ...

10 Hast du nicht mit dem Rauchen aufgehört? – Doch, ...

11 Halten Sie nichts von dieser Idee? – Nein, ...

12 Habt ihr euch mit euren Nachbarn gestritten? – Nein, ...

3 Aussagesätze

a Schreiben Sie Aussagesätze im Präsens. Achten Sie auf die Position des Verbs.

1 mein Mann und ich | in Hamburg | sein

Heute *waren mein Mann und ich in Hamburg.*

2 wir | machen | immer | einen Einkaufsbummel.

Dort ……………………

3 meistens in der Speicherstadt | spazieren gehen | wir

Anschließend ……………………

4 wir | einen Kaffee | im Café Gnosa | trinken

Danach ……………………

5 wieder nach Hause | fahren | wir

Schließlich ……………………

b Was ist richtig? Kreuzen Sie an.

1 a ☒ Seit gestern fahre ich mit dem Bus zur Arbeit.
b ☐ Seit gestern ich fahre mit dem Bus zur Arbeit.

2 a ☐ Heute Frau Aziz muss bis 18.00 Uhr arbeiten.
b ☐ Heute muss Frau Aziz bis 18.00 Uhr arbeiten.

3 a ☐ Toma fährt erst zur Firma Bauer & Söhne, dann er fährt zur Baustelle.
b ☐ Toma fährt erst zur Firma Bauer & Söhne, dann fährt er zur Baustelle.

4 a ☐ Toma fährt erst zur Firma Bauer & Söhne, denn er muss noch Bauteile besorgen.
b ☐ Toma fährt erst zur Firma Bauer & Söhne, denn muss er noch Bauteile besorgen.

5 a ☐ Nach Dienstschluss wir gehen oft in die Gastwirtschaft „Zweiter Wohnsitz".
b ☐ Nach Dienstschluss gehen wir oft in die Gastwirtschaft „Zweiter Wohnsitz".

6 a ☐ Ich wollte gestern Nachmittag mit Ihnen telefonieren, aber ich habe Sie leider nicht erreicht.
b ☐ Ich wollte gestern Nachmittag mit Ihnen telefonieren, aber habe ich Sie leider nicht erreicht.

7 a ☐ Bis wann wir die Reparatur fertig haben, ich weiß nicht.
b ☐ Bis wann wir die Reparatur fertig haben, weiß ich nicht.

> Vor der Position II kann auch ein Nebensatz stehen.

8 a ☐ Nach der Arbeit bin ich oft müde.
b ☐ Nach der Arbeit ich bin oft müde.

9 a ☐ Dass er später zur Besprechung kommt, der Chef hat gesagt.
b ☐ Dass er später zur Besprechung kommt, hat der Chef gesagt.

4 Imperativ

a Was passt nicht? Streichen Sie durch.

1 ~~**Kommen**~~ **/ Kommen Sie** bitte mal her!

2 **Entschuldigen Sie / Entschuldigen** bitte die Verspätung!

3 **Macht / Macht ihr** euch keine Sorgen!

4 **Lassen / Lasst** wir das!

5 **Unterschreibt Sie / Unterschreiben Sie** bitte hier!

6 **Seien Sie / Sein Sie** bitte leise!

7 **Ergänzen / Ergänzen Sie** bitte die Sätze!

8 **Sind wir / Seien wir** doch vernünftig!

9 **Lernt / Lernt ihr** diese Wörter bis morgen!

10 **Umsteigen Sie in Göttingen! / Steigen Sie in Göttingen um!**

11 **Lesen Sie / Lesen** die Gebrauchsanweisung!

12 **Helfen / Helft** mir bitte!

b Schreiben Sie die Sätze im Imperativ (*Sie*, *du*, *ihr* und *wir*).

1 (ihr) euch hinsetzen: *Setzt euch hin!*

2 (Sie) endlich die Rechnung bezahlen: ....

3 (wir) mit dem Ergebnis zufrieden sein: ....

4 (ihr) mich in Ruhe lassen: ....

5 (du) nicht so laut sein: ....

6 (Sie) bitte das Fenster zumachen: ....

7 (Sie) mit Übung 4a anfangen: ....

8 (ihr) nicht so viel Geld ausgeben: ....

9 (Sie) nicht so ängstlich sein: ....

10 (wir) gehen: ....

11 (ihr) ein bisschen Geduld haben: ....

12 (du) Zimmer aufräumen: ....

c Was ist richtig? Kreuzen Sie an.

1 a ☐ Komm du nicht zu spät nach Hause!
  b ☒ Komm nicht zu spät nach Hause!

2 a ☐ Schreien nicht so laut!
  b ☐ Schrei nicht so laut!

3 a ☐ Aufsteh endlich!
  b ☐ Steh endlich auf!

4 a ☐ Verlier nicht wieder deine Handschuhe!
  b ☐ Verlor nicht wieder deine Handschuhe!

5 a ☐ Nehme doch noch ein Stück Kuchen!
  b ☐ Nimm doch noch ein Stück Kuchen!

6 a ☐ Reiß dich zusammen!
  b ☐ Riss dich zusammen!

7 a ☐ Fäng endlich mit den Hausaufgaben an!
  b ☐ Fang endlich mit den Hausaufgaben an!

8 a ☐ Ess nicht so schnell!
  b ☐ Iss nicht so schnell!

9 a ☐ Antwort mir!
  b ☐ Antworte mir!

10 a ☐ Werde endlich vernünftig!
   b ☐ Wird endlich vernünftig!

d Schreiben Sie die Sätze im Imperativ (*du*).

1 die Wahrheit sagen: *Sag die Wahrheit!*
2 dich gut in den Ferien erholen: ....
3 den Mantel bitte an die Garderobe hängen: ....
4 doch bitte mal leise sein: ....
5 dich doch beruhigen: ....
6 die Aufgabe vorlesen: ....
7 endlich erwachsen werden: ....
8 lieb zu deinem Bruder sein: ....
9 bitte meinen Fehler entschuldigen: ....
10 etwas Schönes träumen: ....

Hauptsatz und Nebensatz

Ein **Hauptsatz** (HS) kann allein stehen, ein **Nebensatz** (NS) kann **nicht allein** (ohne Hauptsatz) stehen.	*Ich kann dich nicht besuchen. (HS)* *Ich kann dich nicht besuchen, weil ich keine Zeit habe. (NS)*
Der **Hauptsatz** kann ein **Aussagesatz**, eine **W-Frage**, eine **Ja/Nein-Frage** oder ein **Imperativ** sein.	 *Ich friere, weil es kalt ist.* *Warum friert man, wenn es kalt ist?* *Frierst du, wenn es kalt ist?* *Zieh eine Jacke an, wenn es kalt ist!*
Im Hauptsatz steht das konjugierte Verb auf **Position II**, im Nebensatz steht das konjugierte Verb am **Satzende**.	*Ich habe keine Zeit. (HS)* *Ich kann dich nicht besuchen, weil ich keine Zeit habe. (NS)*
Zwischen Haupt- und Nebensatz steht immer ein **Komma**.	*Es war schon dunkel, als ich gestern nach Hause kam.*
Der Nebensatz kann auch am Anfang stehen: Der **Nebensatz** ist dann die **Position I** für den Hauptsatz. Der **Hauptsatz** beginnt mit dem Verb.	*Weil ich keine Zeit habe, (NS) kann ich dich nicht besuchen. (HS)* *Wenn es kalt ist, (NS) friere ich. (HS)*

Indirekte Aussagesätze und Fragen

indirekte Aussagesätze mit *dass* direkt: Aussagesatz indirekt: Der Nebensatz wird mit *dass* eingeleitet.	 *Sie hat gesagt: „Ich habe das Abitur gemacht."* *Sie hat gesagt, dass sie das Abitur gemacht hat.*
indirekte Fragen mit *ob* direkt: Ja/Nein-Frage indirekt: Der Nebensatz wird mit *ob* eingeleitet.	 *Er hat gefragt: „Haben Sie einen Führerschein?"* *Er hat gefragt, ob sie einen Führerschein hat.*
indirekte Fragen mit Fragewort (*wann, was, wo, warum, ...*) direkt: W-Frage indirekt: Der Nebensatz wird mit dem jeweiligen Fragewort eingeleitet.	 *Sie hat gefragt: „Wann beginnt die Ausbildung?"* *Sie hat gefragt: „Wer leitet die Schulung?"* *Sie hat gefragt, wann die Ausbildung beginnt.* *Sie hat gefragt, wer die Schulung leitet.*

Temporale Nebensätze

Temporale Nebensätze nennen den Anfang, das Ende oder die Dauer eines Geschehens. Sie sagen, ob etwas gleichzeitig, vorzeitig, nachzeitig passiert.	
– **als** (gleich- oder vorzeitig, Vergangenheit, einmalig)	*Als ich sieben Jahre alt war, bin ich zum ersten Mal mit einem Flugzeug geflogen.*
– **wenn** (gleich- oder vorzeitig, Gegenwart oder Zukunft, einmalig)	*Wenn ich morgen früh zu dir komme, bringe ich Brötchen mit.*

– **wenn / immer wenn / jedes Mal wenn / sooft** (gleich- oder vorzeitig, Vergangenheit, wiederholt)	*Immer wenn ich als Kind Fieber hatte, durfte ich zu Hause bleiben.* *Wenn ich mich dann erholt hatte, ging ich wieder in die Schule.*
– **während** (gleichzeitig, lang)	*Während ich frühstücke, höre ich Nachrichten im Radio.*
– **solange** (gleichzeitig, Geschehen in HS und NS gleich lang)	*Wir lernen, solange wir leben.*
– **bevor/ehe** (nachzeitig)	*Malaika muss die B1-Prüfung bestehen, bevor sie einen B2-Kurs besuchen kann.*
– **bis** (nachzeitig, bis zu einem Zeitpunkt)	*Bis ich perfekt Deutsch spreche, vergehen noch ein paar Jahre.*
– **nachdem** (vorzeitig)	*Nachdem Malaika die B1-Prüfung bestanden hatte, besuchte sie einen B2-Kurs.*
– **sobald / kaum dass** (gleich- oder vorzeitig, etwas passiert sofort)	*Ich rufe Sie an, sobald ich etwas Neues weiß.* *Ich rufe Sie an, sobald ich etwas Neues gehört habe.*
– **seit/seitdem** (gleich- oder vorzeitig, lang, bis jetzt)	*Seitdem Nhan in Deutschland ist, besucht er einen Deutschkurs.* *Seit Nhan nach Deutschland gekommen ist, besucht er einen Deutschkurs.*

Kausale Nebensätze

Kausale Nebensätze nennen einen Grund.	
– **weil**	*Hedda kommt nicht zur Arbeit, weil sie krank ist.*
– **da** (meistens nur schriftlich, fast nur bei der Reihenfolge NS + HS)	*Da Sie Ihren Antrag nicht rechtzeitig gestellt haben, können wir kein Wohngeld bewilligen.*
– **zumal** (nennt einen weiteren, wichtigeren Grund)	*Bei diesem Regen gehe ich nicht nach draußen, zumal ich keinen Regenschirm habe.*

Konzessive, konditionale und konsekutive Nebensätze

Konzessive Nebensätze nennen eine unerwartete Folge.	
– **obwohl** (unerwartete Folge im HS) außerdem: *wenn … auch, selbst wenn*	*Ich gehe spazieren, obwohl es regnet.*
Konditionale Nebensätze nennen eine Bedingung.	
– **wenn … (dann)** (Bedingung für die Aussage im HS)	*Wenn man kein Geld hat, (dann) kann man nichts kaufen.*
– **falls** (nicht sehr wahrscheinliche Bedingung) außerdem: *sofern* (schriftlich)	*Falls es regnet, grillen wir auf dem Balkon.*
– **es sei denn** (meistens mit HS) außerdem: *angenommen … so/dann, gesetzt den Fall … so/dann, vorausgesetzt … so/dann*	*Wir können mit der Reparatur beginnen, es sei denn, die nötigen Ersatzteile sind noch nicht da.*
Konsekutive Nebensätze nennen eine Folge.	
– **sodass / so … dass**	*Auf der Autobahn gab es einen Stau, sodass Frau Müller zu spät zur Arbeit kam.*
– **ohne dass** (mit Konjunktiv II)	*Paul sucht seinen Schlüssel jetzt schon über eine Stunde, ohne dass er ihn gefunden hätte.*
– **zu** (+ Adjektiv) … **als dass**	*Der Stein ist zu schwer, als dass ich ihn allein hochheben könnte.*

Modale Nebensätze

Modale Nebensätze nennen die Art und Weise, wie etwas passiert.	
– **als** (Adjektiv im Komparativ)	*Der Test war schwerer, als ich gedacht hatte.*
– **so/genauso … wie** (Adjektiv im Positiv)	*Der Test war genauso schwer, wie ich gedacht hatte.*
– **je … desto** (**umso**) (beide Adjektive im Komparativ)	*Je mehr Überstunden ich mache, desto mehr Geld verdiene ich.*
– **indem**	*Viele Computer-Probleme kann man lösen, indem man das Gerät aus- und wieder anschaltet.*
– **dadurch … dass**	*Viele Computer-Probleme kann man dadurch lösen, dass man das Gerät aus- und wieder anschaltet.*
– **ohne dass**	*Mein Computer funktionierte wieder, ohne dass ich ihn aus- und wieder angeschaltet habe.*
– **soweit** außerdem: *soviel, wie, insofern … als*	*Soweit ich weiß, kommt Malaika aus Afrika.*

Finale Nebensätze

Finale Nebensätze nennen eine Absicht, einen Zweck oder ein Ziel.	
– **damit**	*Ich gebe dir einen Euro, damit du dir ein Eis kaufen kannst.*
Bei gleichem Subjekt benutzt man fast immer **um … zu** + Infinitiv statt **damit**.	*Er hat einen Euro, um sich ein Eis zu kaufen.*

Nebensätze ohne Konjunktion

Bei einigen Nebensätzen kann man die Konjunktion weglassen. Das **konjugierte Verb** steht dann am **Satzanfang** bei	
– Konzessivsätzen (mit *auch* und *doch*),	*Ist das Risiko auch sehr groß, möchten doch viele Jungen Rennfahrer werden.* *(= Obwohl das Risiko sehr groß ist, möchten viele Jungen Rennfahrer werden.)*
– Konditionalsätzen,	*Hat man kein Geld, kann man nichts kaufen.* *(= Wenn man kein Geld hat, kann man nichts kaufen.)*
– Adversativsätzen.	*Geht es auf dem Land eher gemütlich zu, gibt es in der Stadt viel mehr Hektik.* *(= Während es auf dem Land eher gemütlich zugeht, gibt es in der Stadt viel mehr Hektik.)*
Das **konjugierte Verb** steht dann auf **Position II** bei	
– Objektsätzen mit *dass*.	*Max hat gesagt, er kommt etwas später.* *(= Max hat gesagt, dass er etwas später kommt.)*

Relativsätze

Relativpronomen

	Nominativ	Akkusativ	Dativ	Genitiv
maskulin	der	den	dem	dessen
feminin	die	die	der	deren
neutral	das	das	dem	dessen
Plural	die	die	denen	deren

Relativsätze sind **Attribute** (= Informationen für ein Nomen). Relativsätze sind **Nebensätze**, d. h. das konjugierte Verb steht am Satzende.	*Der Mann, der eine große Nase hat, kauft ein Buch.* *Das ist die Hausaufgabe, die wir bis morgen machen müssen.*
Relativsätze beginnen mit – einem **Relativpronomen** oder	*Das Taxi, das wir gerufen haben, kommt in fünf Minuten.*
– mit **Präposition** + **Relativpronomen**. **Kurzformen** wie bei Artikeln (*am, zur, vom* ...) sind bei Relativpronomen **nicht möglich**: *an dem, zu der, von dem, ...*	*Das Taxi, mit dem wir fahren, ist ein Mercedes.* *Wir waren beim Arzt.* (Präposition + Artikel) *Wie heißt der Arzt, bei dem du warst?* (Präposition + Relativpronomen)

Position des Relativsatzes

– Relativsatz **direkt nach dem Nomen**	*Der Mann, der das Buch gekauft hat, hat eine große Nase.*
– **Satzende** zwischen Nomen und Relativsatz	*Hast du den Mann gesehen, der das Buch gekauft hat?*
– **weiteres Attribut** zwischen Nomen und Relativsatz	*Siehst du den Mann mit der großen Nase, der das Buch gekauft hat?*
– **weiteres Attribut** und **Satzende** zwischen Nomen und Relativsatz	*Hast du den Mann mit der großen Nase gesehen, der das Buch gekauft hat?*

1 Hauptsatz und Nebensatz

a Ergänzen Sie die Nebensätze.

1 (Er hatte das Medikament eingenommen.)
Er wurde ganz ruhig, nachdem *er das Medikament eingenommen hatte.*

2 (Man mischt rote und blaue Farbe.)
Man erzeugt lila Farbe, indem ……

3 (Du hast kein Geld dabei.)
Ich kann dein Essen bezahlen, wenn ……

4 (Sie muss zu einem Meeting.)
Hedda kann jetzt nicht mit dir sprechen, weil ……

5 (Er ist verheiratet.)
Toma hat kaum noch Zeit für seine Freunde, seitdem ……

6 (Sie will sich um eine neue Stelle bewerben.)
Sie hat mir erzählt, dass ……

7 (Wir haben im Alter keine finanziellen Sorgen.)
Wir bezahlen jetzt Geld in die Rentenkasse ein, damit ……

b Nebensatz auf Position I. Schreiben Sie die Sätze wie im Beispiel um.

1 Ich hatte einen Unfall, als ich fünf Jahre alt war.
Als ich fünf Jahre alt war, hatte ich einen Unfall.

2 Wir gehen nicht spazieren, weil es regnet.
……

3 Er hat mir nicht gesagt, wo er wohnt.
……

4 Wir können nicht anfangen, bevor der Chef kommt.
……

5 Er hat lange in Leipzig gewohnt, soweit ich weiß.
……

6 Du musst mit wenig Geld auskommen, solange du in der Ausbildung bist.
……

7 Ich wusste nicht, dass wir heute ein Meeting haben.
……

2 Indirekte Aussagesätze und Fragen

a Ergänzen Sie *dass, ob, was* oder *wann.*

Meeting

Lieber Max,
ich möchte dir kurz erzählen, was bei unserem letzten Meeting herausgekommen ist.
Die anderen haben mich gefragt, ...1...... du immer noch krank bist. Ich habe ihnen erzählt, ...2...... du noch bis Ende nächster Woche krankgeschrieben bist. Johanna lässt dir ausrichten, ...3...... sie dir gute Besserung wünscht.
Wir haben überlegt, ...4...... wir uns um den Auftrag der Firma Schneider & Co. bemühen sollen oder nicht. Alle waren dafür, ...5...... wir ein Angebot abgeben, aber dabei das Limit nicht zu niedrig ansetzen, um unsere Software-Lösungen nicht unter Preis zu verkaufen. Lena lässt dich fragen, bis ......6...... du eine Tabelle für das Angebot erstellen könntest.
Gute Besserung und liebe Grüße

Tim

b Schreiben Sie indirekte Aussagesätze mit *dass* und indirekte Fragen mit *ob* oder Fragewort.

1 Alexander: „Wo ist mein Buch?"

Alexander möchte wissen, wo sein Buch ist.

2 Hedda: „Welche Blutgruppe habe ich?"

Hedda weiß nicht, ...

3 Mutter: „Du sollst deine Hausaufgaben machen!"

Die Mutter erinnert ihren Sohn daran, ...

4 Tobias: „Welche Ausbildung soll ich machen?"

Tobias hat lange darüber nachgedacht, ...

5 Ich: „Habe ich die Wohnungstür abgeschlossen?"

Ich kann mich nicht erinnern,
....

6 Eltern: „Ihr dürft nicht zu spät nach Hause kommen!"

Unsere Eltern haben uns ermahnt, ...

7 Wir: „Wann fährt der nächste Zug nach Bremen?"

Wir haben uns danach erkundigt, ...

8 Ärztin: „Sie müssen in drei Tagen wiederkommen!"

Die Ärztin hat mir gesagt, ...

3 Temporale Nebensätze

a *als* oder *wenn*? Ergänzen Sie.

Ich kann mich noch gut an meine Kindheit und Jugendzeit erinnern. …Als… ich in die Schule kam, hatte jeder eine Schultüte, die mit Süßigkeiten gefüllt war. Immer ……1…… der Lehrer eine Frage stellte und wir eine Antwort wussten, mussten wir uns melden. ……2…… wir auf die Toilette wollten, mussten wir immer erst den Lehrer oder die Lehrerin fragen. ……3…… ich einmal auf dem Heimweg lange mit meinen Freunden gespielt hatte, kam ich zu spät nach Hause und meine Eltern waren sehr böse. ……4…… es regnete, brachte mich meine Mutter mit dem Auto zur Schule, sonst fuhr ich immer mit dem Fahrrad. ……5…… ich krank war, durfte ich immer zu Hause bleiben und musste nicht in die Schule. ……6…… ich mir in der Schule das linke Bein gebrochen hatte, musste ein Notarzt kommen und mich ins Krankenhaus bringen. Daran muss ich immer noch denken, ……7…… ich einen Krankenwagen höre. ……8…… ich sechzehn war, habe ich meinen Moped-Führerschein gemacht und mir ein Moped gekauft. So konnte ich immer dabei sein, ……9…… es irgendwo eine Party gab.

	einmalig	wiederholt
Gegenwart	***wenn***	***(immer) wenn***
Vergangenheit	***als***	***(immer) wenn***

b Was passt nicht? Streichen Sie durch.

1 Kannst du bitte die Wohnung putzen, **während / ~~sooft~~** ich einkaufe?

2 Ben wollte noch Blumen und Schokolade kaufen, **bevor / solange** er seine Mutter am Muttertag besuchte.

3 Bitte schalten Sie den Computer nicht aus, **kaum dass / solange** die Updates installiert werden.

4 Ich spiele mit meinem Smartphone, **während / ehe** ich auf den Zug warte.

5 Sie müssen diesen Antrag ausfüllen und unterschreiben, **sooft / bevor** Sie Arbeitslosengeld bekommen können.

6 Man muss lange und viel üben, **nachdem / bis** man gut Klavier spielen kann.

7 Wir lieben das Meer und deshalb fahren wir an die Küste, **sooft / ehe** wir Zeit haben.

8 Das Arbeitsklima hat sich verbessert, **seitdem / während** wir einen neuen Chef haben.

9 Du darfst fernsehen, **sobald / seitdem** du dein Zimmer aufgeräumt hast.

10 **Immer wenn / Bis** ich mich mit dir treffen möchte, hast du keine Zeit!

11 Es ging mir langsam besser, **sooft / nachdem** ich die Tabletten genommen hatte.

12 **Kaum dass / Solange** der Blitz bei den Nachbarn eingeschlagen hatte, hörten wir den Donner.

4 Kausale Nebensätze

Verbinden Sie die Sätze mit *weil, da* und *zumal.*

1 Es regnet heute. Ich gehe nicht spazieren. (weil)

Weil es heute regnet, gehe ich nicht spazieren.

2 Lena braucht Deutsch für ihren Beruf. Sie besucht einen Deutschkurs. (da)

....

3 Mein altes Fahrrad ist kaputt. Ich muss mir ein neues kaufen. (weil)

....

4 Wir essen viele Äpfel. Obst ist gesund. (weil)

....

5 Tim hat keine Ahnung von Mathe. Er konnte die Aufgabe nicht lösen. (da)

....

6 Ben hat die Prüfung nicht bestanden. Er hatte nicht viel gelernt. (zumal)

....

7 Ich schwitze. Ich bin zum Bus gelaufen. (weil)

....

8 Wir wollen die Wohnung nicht mieten. Die Miete ist unglaublich hoch. (zumal)

....

5 Konzessive, konditionale und konsekutive Nebensätze

Ergänzen Sie.

als dass	dass	es sei denn	falls	obwohl	wenn

Re: Meeting

Hi Tim,

ich kann die Tabelle für das Angebot erstellen, ...1..... ich krank bin, kein Problem. Ich denke, unser Angebot ist einfach so gut, ...2..... die Firma Schneider es annehmen muss. .....3..... die Firma den Preis nicht akzeptieren sollte (was ich nicht glaube), müssen wir vielleicht doch noch über einen niedrigeren Preis nachdenken. Aber .....4..... die Firma Schneider den Markt kennt – und davon gehe ich aus – dann dürfte das Angebot in Ordnung sein. Ich kann die Tabelle bis Freitag erstellen, ...5....., ich muss noch einmal zum Arzt. Dieser Auftrag ist zu wichtig, ...6..... wir uns eine Panne leisten könnten.

Viele Grüße

Max

6 Modale Nebensätze

a Schreiben Sie Sätze mit *je ... desto*.

1 Wir bleiben lange auf der Party. Wir bekommen wenig Schlaf.
Je länger wir auf der Party bleiben, desto weniger Schlaf bekommen wir.

2 Man ist alt. Man hat viel Erfahrung.

....

3 Du lernst viel. Die Prüfung ist leicht für dich.

....

4 Eine Schauspielerin ist berühmt. Sie kann viel Honorar verlangen.

....

b Ergänzen Sie.

als | ~~dadurch ... dass~~ | indem | je ... umso | ohne dass | soweit | wie

1 Wir sparen viel Geld *dadurch*, *dass* wir in einer kleinen Wohnung leben.

2 Du kannst eine Ausbildungsstelle finden, ... du dich bei vielen Betrieben bewirbst.

3 Er sieht genauso aus, ... du ihn mir beschrieben hast.

4 .... schneller du mit deinem Auto fährst, ... mehr Benzin verbrauchst du.

5 .... ich weiß, studiert Tim seit einem halben Jahr in Münster.

6 Das Leben heute ist ganz anders, ... man es sich vor fünfzig Jahren vorgestellt hat.

7 Bei dieser Kälte könnt ihr nicht nach draußen gehen, ... ihr euch warm anzieht.

7 Finale Nebensätze

Verbinden Sie die Sätze mit *damit* oder – wenn möglich – mit *um ... zu* + Infinitiv.

> In finalen Nebensätzen fallen *wollen*, *sollen* oder *möcht-* weg.

1 Ich besuche einen Kurs. Ich will Deutsch lernen.
Ich besuche einen Kurs, um Deutsch zu lernen.

2 Marie geht zum Bäcker. Sie möchte ein Brötchen kaufen.

....

3 Besuch mich doch mal! Wir lernen uns besser kennen.

....

4 Der Lehrer gibt uns eine Hausaufgabe. Wir sollen Nebensätze üben.

....

5 Tim schickt Emma eine Nachricht. Er möchte sie ins Kino einladen.

....

8 Nebensätze ohne Konjunktion

Schreiben Sie die Sätze mit *dass, obwohl* oder *wenn ... (dann).*

1 Tobias meint, er hat recht.
Tobias meint, dass er recht hat.

2 Hat Frau Müller auch schon sieben Kinder, möchte sie doch noch eins.

Bei Sätzen mit *obwohl* verschwinden *auch* und *doch*.

3 Hilfst du mir heute, helfe ich dir morgen.

4 Haben wir Herbst, geht die Sonne jeden Tag früher unter.

5 Hat man keinen Führerschein, darf man nicht Auto fahren.

9 Relativsätze

a Ergänzen Sie die Relativpronomen.

1 Wie heißt der Mann, mit *dem* du eben telefoniert hast?

2 Was ist mit den hundert Euro, ... ich dir geliehen habe?

3 Meine Eltern, ... ich ein Fotoalbum zu Weihnachten geschenkt habe, haben sich sehr gefreut.

4 Hoffentlich bekomme ich die Stelle, um .... ich mich letzte Woche beworben habe.

5 Kindergeld erhält jeder, ... Kinder unter 18 Jahre alt sind.

6 Am Freitag habe ich einen wichtigen Termin, ... ich auf keinen Fall verpassen darf.

b Schreiben Sie Relativsätze. Benutzen Sie die Informationen in Klammern.

1 Mein Bruder hat mich gestern besucht. (Ich habe meinen Bruder lange nicht gesehen.)
Mein Bruder, den ich lange nicht gesehen habe, hat mich gestern besucht.

2 Gestern hat mich mein Bruder besucht. (Ich habe meinen Bruder lange nicht gesehen.)

3 Fadi hat mir ein Computerspiel geschenkt. (Fadi arbeitet in der IT-Branche.)

4 Den Roman habe ich durchgelesen. (Ihr habt mir den Roman geschenkt.)

5 Was ist das für eine Stelle? (Toma hat sich um diese Stelle beworben.)

Position I und Position II

Vor Position II (Position I) ist nur Platz für **maximal ein Satz-Element**.

	Position I	Position II		
Subjekt auf Position I	Mein Bruder	fährt	morgen	nach Hamburg.
Angabe auf Position I	Morgen	fährt	mein Bruder	nach Hamburg.
Fragewort auf Position I	Wann	besuchst	du	mich?
Nebensatz auf Position I	Wenn ich kann,	helfe	ich	dir.

Bei **Ja/Nein-Fragen** und **Imperativen** steht das konjugierte Verb **am Anfang**.

	Position I	Position II				Satzende
Ja/Nein-Frage		Hast	du	morgen Zeit?		
Imperativ		Ruf	mich	doch	morgen	an!

Satzklammer

Position II und das **Satzende** bilden die **Satzklammer** bei zwei (oder mehr) Verben und bei trennbaren Verben.

	Position I	Position II			Satzende
Perfekt	Mein Bruder	ist	gestern	nach Hamburg	gefahren.
Modalverben	Mein Bruder	will	morgen	nach Hamburg	fahren.
Trennbare Verben	Ich	kaufe	heute Nachmittag		ein.

Satz-Elemente

Satz-Elemente gibt es folgende:

Subjekt: wer?, was?	*Fadi ist Iraner.*
Temporal-Angabe (Zeit): wann?, wie oft?, wie lange?	*Er arbeitet heute nicht.*
Kausal-Angabe (Grund): warum?	*Er hat schlechte Laune wegen des Wetters.*
Modal-Angabe (Art und Weise): wie?	*Malaika näht gern.*
Lokal-Angabe (Ort): wo?, wohin?, woher?	*Malaika ist nach Deutschland gekommen.*
Akkusativ-Objekt: wen?, was?	*Sie bringt ihren Sohn in die Kita.*
Dativ-Objekt: wem?	*Sie hat ihm ein Fahrrad geschenkt.*
Präpositional-Objekt: für wen?, wofür?, mit wem?, womit?, ...	*Sie freut sich auf das Wochenende.*

Adverbiale Angaben

Die **adverbialen Angaben** stehen in der Satzklammer normalerweise in dieser Reihenfolge:
- **Temporal**-Angabe (Zeit: wann?, wie oft?, wie lange?),
- **Kausal**-Angabe (Grund: warum?),
- **Modal**-Angabe (Art und Weise: wie?),
- **Lokal**-Angabe (Ort: wo?, wohin?, woher?).

Position I	Position II	temporal (wann?)	kausal (warum?)	modal (wie?)	lokal (wo? / wohin?)	Satzende
Ich	wohne	seit 2017			in Köln.	
Ich	wohne			gern	in Köln.	
Die alte Frau	steigt			langsam	in den Bus.	
Mein Bruder	fährt	morgen			nach Hamburg.	
Er	ist	heute		mit dem Bus	zur Arbeit	gefahren.
Sie	hat		vor Angst			gezittert.

Akkusativ-Objekt

Das **Akkusativ-Objekt** „springt" und steht **links oder rechts** von den adverbialen Angaben.
Neue, wichtige Informationen stehen **rechts. Bekannte Informationen** stehen **links.**

Position I	Position II	Akkusativ-Objekt (links)	Angabe temporal – kausal – modal – lokal	Akkusativ-Objekt (rechts)	Satzende
Ich	habe	--	gestern	ein Buch	gekauft.
Wir	haben	--	gestern	Bücher	gekauft.
Sie	hat	das Buch	am Wochenende	--	gelesen.
Maria	hat	--	neulich	einen Freund	besucht.

Akkusativ-Objekt und **Lokal-Angabe**:
Antwortet die **lokale Angabe** auf **wo?** kann das Akkusativ-Objekt **links oder rechts** stehen.
Antwortet die **lokale Angabe** auf **wohin? / woher?** muss das Akkusativ-Objekt **links** stehen.

Position I	Position II	Akkusativ-Objekt (links)	lokal (wo?)	lokal (wohin?)	Akkusativ-Objekt (rechts)	Satzende
Er	hat	eine Zeitung*	im Zug		eine Zeitung*	gelesen.
Wir	haben	den Laptop*	bei Medimax		den Laptop*	gekauft.
Die Lehrerin	hat	den Satz		an die Tafel	--	geschrieben.

*kann entweder links oder rechts stehen

Dativ-Objekt

Beim **Dativ-Objekt** gelten (fast) die gleichen Regeln wie beim Akkusativ-Objekt.

Reihenfolge: **erst Dativ-Objekt**, **dann Akkusativ-Objekt** bzw. **Umkehrung**, wenn das **Akkusativ-Objekt** durch ein **Personalpronomen**** ersetzt wird.

Position I	Position II	Dativ-Objekt (links)	Akkusativ-Objekt	Angabe temporal kausal modal lokal	Dativ-Objekt (rechts)	Akkusativ-Objekt	Satzende
Sie	hat	dem Chef*	--	gestern	dem Chef*	--	gratuliert.
Ich	gebe	ihm	das Buch	nächste Woche	--	--	zurück.

*kann entweder links oder rechts stehen

Position I	Position II	(Akkusativ-Objekt = Personalpronomen**)	Dativ-Objekt	Akkusativ-Objekt	Satzende
Er	hat	--	seiner Tochter	das Fahrrad	geschenkt.
Er	hat	es**	ihr	--	geschenkt.

Präpositional-Objekt

Das **Präpositional-Objekt** steht direkt vor dem Satzende.

Position I	Position II	temporal (wann?)	kausal (warum?)	modal (wie?)	lokal (wo?/ wohin?/woher?)	Präpositional-Objekt	Satzende
Ich	habe	gestern			vor dem Kino	auf Marie	gewartet.
Ich	habe	gestern			vor dem Kino	auf sie	gewartet.

Wort-Negation

Wort-Negation heißt:
Nur **ein** Satz-Element ist negativ.
Meistens folgt eine Korrektur mit *sondern*.

Nicht ich habe das gesagt, sondern Marie.
Alexander hat das nicht aus Versehen gemacht, sondern mit voller Absicht.
Sophie fährt nicht nach Frankfurt, sondern nach Berlin.
Wir warten nicht auf Max, sondern auf Niko.

Satz-Negation

Satz-Negation heißt:
Der **ganze Satz** ist negativ.
Akkusativ-Objekt (oder Dativ-Objekt)

- mit einem **unbestimmten Artikel**: *kein-* — *Marie hat kein Fahrrad.*
- mit dem **Nullartikel**: *kein-* — *Johanna hat heute keine Zeit.*
- mit einem **bestimmten Artikel**: *nicht* — *Ich kenne den Mann nicht.*
- mit einem **Possessivartikel**: *nicht* — *Ich habe deine E-Mail nicht bekommen.*
- mit einem **Personalpronomen**: *nicht* — *Hast du es ihm nicht gesagt?*

Reflexivpronomen: *nicht* — *Er freut sich nicht.*

Verben **ohne Objekt**: *nicht* — *Er hat nicht geschlafen.*
sein/bleiben/werden + **Nominativ**: *nicht/kein-* — *Du bist nicht mein Chef!* *Das ist ja kein Wunder!*

sein/bleiben/werden + **Adjektiv**: *nicht* — *Das Wetter ist heute nicht schön.*

Für die Reihenfolge der **adverbialen Angaben** gilt:
Angabe temporal/kausal + *nicht* + **Angabe modal/lokal**.

Angabe temporal + *nicht* — *heute nicht*
Angabe kausal + *nicht* — *wegen des Nebels nicht*
nicht + **Angabe modal** — *nicht mit dem Fahrrad*
nicht + **Angabe lokal** — *nicht auf dem Tisch*

Für das **Präpositional-Objekt** gilt:
nicht + **Präpositional-Objekt** — *Ich warte nicht auf Max.* *Ich warte nicht auf ihn.*

Satz-Negation

Position I	Position II	nicht	temporal (wann?)	kausal (warum?)	modal (wie?)	lokal (wo?/ wohin?)	nicht	Satzende
Ich	kann	--	heute				nicht	kommen.
Das Flugzeug	kann	--		wegen des Nebels			nicht	landen.
Er	fährt	nicht			mit dem Fahrrad.		--	
Sie	geht	nicht				nach Hause.	--	

Ausnahmen bei **Temporal-Angaben**:

– mit Präposition: Angabe temporal + *nicht* — *am 2. Mai nicht*
oder *nicht* + Angabe temporal — *nicht am 2. Mai*
– bei *wie oft?*: *nicht* + Angabe temporal — *nicht jedes Jahr, nicht immer*
– bei „subjektiven" Adverbien: *nicht* + Angabe temporal — *nicht gleich, nicht spät*

Position I	Position II	nicht	Angabe temporal (mit Präposition)	Satzende
Herr May	hat	nicht	**an** die Unterlagen	gedacht.

Position I	Position II	nicht	temporal (wie oft?)	lokal (wo?/ wohin?)	Satzende
Er	geht	nicht	alle sechs Monate	zum Zahnarzt.	

Ausnahmen bei **Modal-Angaben**:

bei **Modalwörtern**: Angabe modal + *nicht* — *leider nicht, wirklich nicht*
(Beispiele für Modalwörter: *bestimmt, hoffentlich, leider, wohl, offenbar, sowieso, sicher, wirklich, glücklicherweise*)

Position I	Position II	nicht	Angabe modal (Modalwort)	nicht	Satzende
Das	ist	--	glücklicherweise	nicht	so.

Zweiteilige Konjunktionen

nicht nur ..., sondern ... auch	*Lena hat nicht nur einen Hund, sondern auch eine Katze.*
sowohl ... als auch	*Tim hat sowohl einen Hund als auch eine Katze.*
entweder ... oder	*Marie kauft entweder einen Hund oder eine Katze.*
weder ... noch	*Max hat weder einen Hund noch eine Katze.*
zwar ..., aber	*Johanna mag zwar Hunde, aber sie kauft eine Katze.*
einerseits ..., andererseits	*Einerseits bringt ein Hund viel Freude, andererseits muss man Hundesteuer zahlen.*
auf der einen Seite ..., auf der anderen Seite	*Auf der einen Seite kann ich eine Katze tagsüber allein zu Hause lassen, auf der anderen Seite zerkratzt sie meine Möbel.*

1 Position I und Position II

Richtig oder falsch? Kreuzen Sie an und korrigieren Sie die falschen Satzanfänge.

		✓	✗	
1	Gestern wir sind ...	☐	☒	Korrektur: Gestern sind wir ...
2	Hast du ...?	☐	☐	Korrektur:
3	Dann ich habe ...	☐	☐	Korrektur:
4	Zuerst lesen wir ...	☐	☐	Korrektur:
5	Kennen Sie ...?	☐	☐	Korrektur:
6	Warum er darf ...?	☐	☐	Korrektur:
7	Heute möchte ich ...	☐	☐	Korrektur:
8	Das Buch habe ich ...	☐	☐	Korrektur:
9	In Rumänien wir haben ...	☐	☐	Korrektur:

2 Satzklammer

Richtig oder falsch? Kreuzen Sie an und korrigieren Sie die falschen Sätze.

1 Gestern habe ich gelesen ein Buch. ☐ ✓ ☒ ✗
Korrektur: Gestern habe ich ein Buch gelesen.

2 Wir haben unsere Hausaufgaben gemacht. ☐ ✓ ☐ ✗
Korrektur:

3 Ich schalte aus das Licht. ☐ ✓ ☐ ✗
Korrektur:

4 Er will nach der Schule eine Ausbildung machen. ☐ ✓ ☐ ✗
Korrektur:

5 Du hast gestern Abend gesehen einen Film. ☐ ✓ ☐ ✗
Korrektur:

6 Sophie kann heute kommen nicht. ☐ ✓ ☐ ✗
Korrektur:

7 Ich anrufe dich später. ☐ ✓ ☐ ✗
Korrektur:

8 Frau Müller kauft im Supermarkt ein. ☐ ✓ ☐ ✗
Korrektur:

9 Ich dir helfen kann. ☐ ✓ ☐ ✗
Korrektur:

3 Satz-Elemente

a Ergänzen Sie das passende Satz-Element.

auf den Feierabend | bei Finn | um Mitternacht | ihm | Pizza | lang | ~~Tobias~~ | wegen der Party

Tobias (Subjekt) ist heute müde. Er hat ...1... (Kausal-Angabe) wenig geschlafen. Er war ...2... (Modal-Angabe) in einer Kneipe. Danach war er ...3... (Lokal-Angabe). Dort hat er ...4... (Akkusativ-Objekt) gegessen. Finn hatte Geburtstag und alle haben ...5... (Dativ-Objekt) gratuliert. Tobias war ...6... (Temporal-Angabe) wieder zu Hause. Er freut sich jetzt schon ...7... (Präpositional-Objekt).

> **Satz-Elemente:**
> **Subjekt**: *wer?, was?*
> **Temporal-Angabe**: *wann?, wie oft?, wie lange?*
> **Kausal-Angabe**: *warum?*
> **Modal-Angabe**: *wie?*
> **Lokal-Angabe**: *wo?, wohin?, woher?*
> **Akkusativ-Objekt**: *wen?, was?*
> **Dativ-Objekt**: *wem?*
> **Präpositional-Objekt**: *für wen?, wofür?, mit wem?, womit?, ...*

b Fragen Sie nach den unterstrichenen Elementen und nennen Sie das Satz-Element wie im Beispiel.

1 Wir sind gestern <u>nach Düsseldorf</u> gefahren. Frage: Wohin? → Lokal-Angabe
2 Wann haben <u>die Kinder</u> Ferien? Frage: ... → ...
3 Hat Malaika <u>Brötchen</u> gekauft? Frage: ... → ...
4 Sophie hat <u>Toma</u> eine CD geschenkt. Frage: ... → ...
5 <u>Vor 1994</u> gab es noch keine Smartphones. Frage: ... → ...
6 Ich konnte <u>wegen eines Termins</u> nicht zum Kurs kommen. Frage: ... → ...
7 Gehst du <u>zu Fuß</u> zur Arbeit? Frage: ... → ...
8 <u>Das Fahrrad</u> steht auf der Straße. Frage: ... → ...
9 Wart ihr gestern <u>im Kino</u>? Frage: ... → ...
10 Ich denke oft <u>an meine Eltern</u>. Frage: ... → ...
11 Hat <u>der Vater</u> seinem Sohn einen Computer geschenkt? Frage: ... → ...
12 Haben Sie heute schon <u>den Chef</u> gesehen? Frage: ... → ...
13 Ich putze mir <u>zweimal am Tag</u> die Zähne. Frage: ... → ...
14 <u>Aus finanziellen Gründen</u> können wir kein Haus kaufen. Frage: ... → ...

4 Adverbiale Angaben, Akkusativ-Objekt, Dativ-Objekt und Präpositional-Objekt

a Ergänzen Sie die adverbialen Angaben in der richtigen Reihenfolge.

Hallo Anna, ich bin *gestern Morgen* *mit dem Bus* *in die Stadt* (in die Stadt | gestern Morgen | mit dem Bus) gefahren. Ich gehe ja ……… 1 ……… ……… 2 ……… (zum Zahnarzt | alle sechs Monate). Ich musste aber lange warten, und deshalb bin ich ……… 3 ……… ……… 4 ……… (nicht zum Deutschkurs | danach) gekommen. Ich habe alles verpasst. Können wir uns ……… 5 ……… ……… 6 ……… (im Café Fiedler | heute um 17 Uhr) treffen? Dann kannst du mir erzählen, was ihr ……… 7 ……… ……… 8 ……… (heute | im Kurs) gelernt habt. Außerdem wollen wir ja ……… 9 ……… ……… 10 ……… ……… 11 ……… (nach Berlin | mit dem Zug | am Wochenende). Dann können wir ……… 12 ……… ……… 13 ……… (im Café | später) alle Details besprechen. Oder wollen wir ……… 14 ……… ……… 15 ……… ……… 16 ……… (nicht nach Berlin | wegen des Schnees | lieber)? Ruf mich bitte ……… 17 ……… ……… 18 ……… (auf meinem Handy | möglichst bald) an!

Deine Johanna

b Ergänzen Sie die adverbialen Angaben und das Akkusativ-Objekt in der richtigen Reihenfolge.

1 (auf den Tisch | die Flasche | gestellt) Er hat *die Flasche auf den Tisch gestellt* .

2 Die Hose ist ganz neu. (sie | bei H&M | gestern | gekauft)

Ich habe ………………………………………… .

3 Was hast du deiner Tochter zum Geburtstag geschenkt? – (ein neues Smartphone | zu ihrem Geburtstag | bekommen)

Sie hat ………………………………………… .

4 (ein Taxi | vorhin | bestellt)

Haben Sie ………………………………………… ?

5 Wir wollen doch heute Gulasch essen. (aus dem Gefrierschrank | das Fleisch | heute Morgen | genommen)

Hast du ………………………………………… ?

6 Letzte Nacht gab es einen Unfall vor unserem Haus. (den Lärm | auf der Straße | gehört)

Habt ihr auch ………………………………………… ?

7 Warum schleppt man Sophies Auto ab? – (vor einer Ausfahrt | letzte Nacht | aus Versehen | ihr Auto | geparkt)

Sie hat ………………………………………… .

c Ergänzen Sie die adverbialen Angaben und das Akkusativ- und Dativ-Objekt in der richtigen Reihenfolge.

1 Wann gibst du mir den USB-Stick zurück? – (nächste Woche | den USB-Stick | dir | zurück)

Ich gebe *dir den USB-Stick nächste Woche zurück.* .

2 Kaufst du mir einen USB-Stick? – (nächste Woche | dir | einen USB-Stick)

Ja, ich kaufe ....

3 (schon vor einer Stunde | ihm | Bescheid gesagt)

Ich habe ....

4 (zu Weihnachten | ihrer Tochter | ein neues Fahrrad | geschenkt)

Die Mutter hat ....

5 (direkt nach der Arbeit | eine E-Mail | dir)

Ich schicke ....

6 (seiner Mutter | einen Brief | am Montag | geschrieben)

Nhan hat ....

7 (heute | mir | keine Schokolade)

Warum kaufst du .... ?

8 (dem Gast | statt des Kaffees einen Tee | versehentlich | gebracht)

Malaika hat ....

9 Entschuldigung, wie kommen wir zum Bahnhof? – (den Weg | ganz genau | Ihnen | beschreiben)

Ich kann ....

d Position des Präpositional-Objekts. Was ist richtig? Kreuzen Sie an.

1 Die Belegschaft unserer Firma ...

a ☒ besteht zu über 90 % aus Kollegen über 50.

b ☐ besteht aus Kollegen über 50 zu 90 %.

2 Die Firma leidet ...

a ☐ an Überalterung schon länger.

b ☐ schon länger an Überalterung.

3 Die Geschäftsführung beschäftigt sich ...

a ☐ seit Jahren mit diesem Problem.

b ☐ mit diesem Problem seit Jahren.

4 Unsere Führungskräfte nehmen ...

a ☐ an einer Fortbildung zu diesem Thema am Montag teil.

b ☐ am Montag an einer Fortbildung zu diesem Thema teil.

5 Wort-Negation

Ergänzen Sie *nicht*.

1 Wir ..... 1 ..... reparieren ..... 2 ..... die elektrische Anlage ..... 3 nicht heute ..... 4 ....., sondern morgen.

2 Fadi ..... 1 ..... kommt ..... 2 ..... aus Syrien ..... 3 ....., sondern aus dem Iran.

3 Toma ..... 1 ..... ist ..... 2 ..... diese Woche ..... 3 ..... in der Firma ..... 4 ....., sondern auf Montage.

4 Toma ..... 1 ..... ist ..... 2 ..... diese Woche ..... 3 ..... auf Montage ..... 4 ....., sondern nächste Woche.

5 Unser Meeting ..... 1 ..... findet ..... 2 ..... jede Woche ..... 3 ..... statt, sondern alle vierzehn Tage.

6 Das Auto ..... 1 ..... fährt ..... 2 ..... langsam ..... 3 ....., sondern schnell.

7 Er ..... 1 ..... hat ..... 2 ..... die Wohnung ..... 3 ..... gekauft ..... 4 ....., sondern gemietet.

8 Ich ..... 1 ..... bin ..... 2 ..... heute Morgen ..... 3 ..... mit dem Bus gefahren ..... 4 ....., sondern ich bin zu Fuß gegangen.

9 Der Stuhl ..... 1 ..... ist ..... 2 ..... aus Holz ..... 3 ....., sondern aus Plastik.

10 München ..... 1 ..... ist ..... 2 ..... die Hauptstadt von Hessen ..... 3 ....., sondern von Bayern.

6 Satz-Negation

a *nicht* oder *kein-*? Schreiben Sie wie im Beispiel.

1 ▶ Endlich Urlaub! Habt ihr eigentlich Geld eingesteckt? – ▷ Nein, wir haben kein Geld eingesteckt.

2 ▶ Hast du den Computer ausgeschaltet? – ▷ Nein, ich habe den Computer nicht ausgeschaltet.

3 ▶ Habt ihr Getränke mitgenommen? – ▷ Nein, ...

4 ▶ Warst du mit dem Auto in der Werkstatt? – ▷ Nein, ...

5 ▶ Habt ihr die Waschmaschine ausgeleert? – ▷ Nein, ...

6 ▶ Hast du Spiele eingepackt? – ▷ Nein, ...

7 ▶ Ist die Wohnungstür abgeschlossen? – ▷ Nein, ...

8 ▶ Hast du die Blumen gegossen? – ▷ Nein, ...

9 ▶ Habt ihr eure Reisepässe dabei? – ▷ Nein, ...

10 ▶ Habt ihr einen Regenschirm eingepackt? – ▷ Nein, ...

11 ▶ Seid ihr aufgeregt? – ▷ Nein, ...

12 ▶ Wir müssen wieder nach Hause! – ▷ Wir wollen aber ....

b Ergänzen Sie *nicht*.

1 Ich habe eine Diät gemacht, aber ich ..... 1 ..... habe ..... 2 ..... leider nicht abgenommen.

2 Bist ..... 1 ..... du ..... 2 ..... wegen des Regens ..... 3 ..... mit dem Fahrrad ..... 4 ..... gefahren?

3 Seien Sie bitte leise! Ich ..... 1 ..... kann ..... 2 ..... mich ..... 3 ..... auf meine Arbeit ..... 4 ..... konzentrieren.

4 Warum ..... 1 ..... bist ..... 2 ..... du ..... 3 ..... sofort ..... 4 ..... zur Polizei ..... 5 ..... gegangen?

5 Max ..... 1 ..... hat ..... 2 ..... sich ..... 3 ..... in Sophie ..... 4 ..... verliebt.

6 Max ......1...... liebt ......2...... Sophie ......3...... .

7 Der Ring ......1...... besteht ......2...... aus Gold ......3...... .

8 Der Ring ......1...... ist ......2...... aus Gold ......3...... .

9 Ich ......1...... möchte ......2...... ihn ......3...... zu uns nach Hause ......4...... einladen.

10 Fayyad ......1...... schreibt ......2...... den Brief ......3...... .

11 Fayyad ......1...... schreibt ......2...... an seine Eltern ......3...... .

7 Zweiteilige Konjunktionen

Ergänzen Sie.

1 (Ich mag kein Bier.)
Ich mag weder Wein *noch Bier* .

2 (Es dauert dann sehr lange, bis er Geld verdienen kann.)
Auf der einen Seite möchte Nhan gern studieren, ...

3 (Ich kenne ihren Bruder Ben.)
Ich kenne sowohl Emma ....

4 (Wir kommen zu spät zum Essen bei Oma und Opa.)
Entweder fahren wir jetzt sofort los ....

5 (Er ist auch ein hervorragender Gitarrist.)
Paul ist nicht nur ein guter Sänger, ...

6 (Ich bleibe lieber zu Hause, denn ich habe Kopfschmerzen.)
Der Film, der heute im Kino läuft, ist zwar sehr interessant, ...

7 (Sie erstatten mir den Kaufbetrag.)
Entweder reparieren Sie die defekte Waschmaschine ....

8 (Die Miete ist ein bisschen zu hoch.)
Einerseits gefällt uns die Wohnung sehr gut, ...

9 (Sie ist hilfsbereit.)
Malaika ist nicht nur freundlich, ...

10 (Wir haben keine Nudeln. Wir haben keinen Reis.)
Könntest du mal schnell zum Supermarkt gehen? Wir haben weder Kartoffeln ....

entweder ... oder ... oder,
weder ... noch ... noch

11 (Ich besuche Max. Ich besuche Jan.)
Ich besuche entweder Anna ....

Nomen-Verb-Verbindungen

Nomen-Verb-Verbindung	Verb / Bedeutung
Abläufe dokumentieren	Prozesse aufschreiben
Abschied nehmen von (+ Dat.)	sich verabschieden
Abstand halten von (+ Dat.)	entfernt bleiben
Anerkennung genießen	anerkannt sein
Angst haben vor (+ Dat.)	sich fürchten
Angst machen (+ Dat.)	erschrecken
Anstrengungen unternehmen für (+ Akk.)	sich anstrengen
Arbeit erledigen	fertig arbeiten
auf der Suche sein nach (+ Dat.)	suchen
aufs Spiel setzen (+ Akk.)	riskieren
aus dem Weg gehen (+ Dat.)	meiden
außer Frage stehen	selbstverständlich sein
Beschäftigung finden in (+ Dat.)	arbeiten
Bescheid bekommen	informiert werden
Bescheid geben (+ Dat.)	schriftlich/mündlich informieren
Bescheid sagen (+ Dat.)	mündlich informieren
Bescheid wissen über (+ Akk.)	informiert sein
Bezug nehmen auf (+ Akk.)	sich beziehen auf
den Bedarf decken an (+ Dat.)	gerecht werden
den Umsatz steigern	mehr verkaufen
die Schuld geben an (+ Dat.)	beschuldigen
ein Angebot ablehnen	zu etwas Nein sagen
ein Angebot annehmen	zu etwas Ja sagen
ein Gespräch führen mit (+ Dat.)/über (+ Akk.)	sprechen
ein gutes/schlechtes Leben führen	gut/schlecht leben
ein Missverständnis klären	aufklären/klarstellen
ein Projekt abschließen	Arbeit fertigstellen
ein Recht haben auf (+ Akk.)	berechtigt sein
ein Unternehmen leiten	eine Firma führen
ein Ziel erreichen	erfolgreich sein
ein/zum Ziel setzen	planen
ein Zimmer buchen	reservieren
eine Antwort geben	antworten
eine Aufgabe übernehmen	sich kümmern um/verantwortlich sein
eine Ausbildung machen	einen Beruf lernen
eine Entscheidung treffen	sich entscheiden
eine Frage stellen	fragen
eine Garantie geben	garantieren
eine Idee haben	sich etwas ausdenken
eine Information für sich behalten	schweigen
eine Prüfung ablegen	geprüft werden
eine Rechnung stellen	berechnen
eine Rolle spielen für (+ Akk.)	wichtig sein
eine Straftat begehen	straffällig sein
einen Antrag stellen bei (+ Dat.) auf (+ Akk.)	beantragen

Beispielsatz
Zur Qualitätssicherung werden die Arbeitsabläufe kleinschrittig dokumentiert.
Toma Popescu musste wegen der hohen Arbeitslosigkeit Abschied von seiner Heimat nehmen.
Halten Sie Abstand von den Baumaschinen, damit Sie sich nicht verletzen.
Feuerwehrleute und Ärzte genießen in Deutschland die höchste Anerkennung.
Wovor haben Sie Angst?
Schnelles Autofahren macht ihr Angst.
Fadi Samet unternimmt große Anstrengungen für seine Selbstständigkeit.
Diese Woche erledige ich die Arbeit.
Toma Popescu war auf der Suche nach einer Arbeit in seinem Bereich.
Mit Vertragsverletzungen setzen Sie das Geschäftsverhältnis aufs Spiel.
Meinem Kollegen gehe ich heute lieber aus dem Weg. Er hat schlechte Laune.
Es steht außer Frage, dass Maurer ein anstrengender Beruf ist.
Gesundheitspfleger finden u. a. Beschäftigung in Facharztpraxen und Krankenhäusern.
Haben Sie noch etwas Geduld. Sie bekommen bald Bescheid.
Wir geben Ihnen im Laufe des nächsten Monats über den weiteren Bewerbungsprozess Bescheid.
Ich sage dir Bescheid, sobald ich etwas Neues weiß.
Die Eltern wussten lange nicht über die Pläne des Sohnes Bescheid.
Ich nehme Bezug auf Ihre Anzeige und bewerbe mich als Schreiner in Ihrem Unternehmen.
Unsere Firma kann den Bedarf an den neuen Smartphones nicht decken. Die Nachfrage ist zu groß.
Die Firma konnte im letzten Jahr den Umsatz um 3% steigern.
Der Mann gab der Frau die Schuld an dem Streit.
Ich muss Ihr Angebot leider ablehnen.
Gerne nehme ich Ihr Angebot an.
Der Vater führte ein langes Gespräch mit seiner Tochter über ihre beruflichen Ziele.
Hedda Aziz führt ein gutes Leben.
Wir müssen miteinander sprechen und das Missverständnis klären.
Das Team hat das Projekt pünktlich abgeschlossen.
Jeder Arbeitnehmer hat das Recht auf Urlaub.
Sie leitet das erfolgreichste Unternehmen der Region.
Nhan Nguyen arbeitet hart, um sein Ziel zu erreichen.
Malaika Hadrawi hat sich zum Ziel gesetzt, eine Ausbildung zur Hotelkauffrau zu machen.
Kann man bei Ihnen auch Zimmer online buchen?
Gib mir bitte eine Antwort, wenn ich dich etwas frage.
Krankenpfleger übernehmen Aufgaben in der Grundpflege.
Fayyad Hadji hat eine Ausbildung als Elektriker gemacht.
Anita Jiménez hat die Entscheidung getroffen, nach Deutschland zu ziehen.
Entschuldigung. Das habe ich nicht verstanden. Ich muss noch eine Frage stellen.
Wir geben Ihnen drei Jahre Garantie auf unsere Produkte.
Petra Münzberg hat die Idee, eine eigene Sicherheitsfirma zu gründen.
Verschwiegenheitspflicht bedeutet, dass man firmeninterne Informationen für sich behalten muss.
Am Ende des Lehrgangs müssen Sie eine Prüfung ablegen.
Fadi Samet stellt dem Auftraggeber nach einer Übersetzung eine Rechnung.
Die Leistung des Mitarbeiters spielt für den Erfolg der Firma eine große Rolle.
Wer stiehlt, begeht eine Straftat.
Sie stellt bei der Bundesagentur für Arbeit einen Antrag auf eine Umschulung zur Verkäuferin.

Nomen-Verb-Verbindungen

Nomen-Verb-Verbindung	Verb / Bedeutung
einen Beruf ausüben	arbeiten
einen Beruf ergreifen	anfangen zu arbeiten
einen Eindruck gewinnen von (+ Dat.)	sich etwas vorstellen können
einen Entschluss fassen	sich entschließen
einen Fehler beheben	ein Problem lösen
einen Fehler machen	etwas falsch machen
einen Fehler verzeihen	vergeben
einen Gefallen tun (+ Dat.)	entgegenkommen/etwas Gutes tun
einen guten/schlechten Eindruck haben von (+ Dat.)	etwas denken über
einen guten/schlechten Eindruck hinterlassen bei (+ Dat.)	(nicht) überzeugend wirken auf
einen guten/schlechten Eindruck machen auf (+ Akk.)	in einem guten/schlechten Zustand erscheinen
einen Hinweis geben (+ Dat.)	hinweisen
einen Rabatt geben (+ Dat.)	reduzieren
einen Rat geben (+ Dat.)	raten
einen Sinn ergeben/machen	sinnvoll sein
einen Termin vereinbaren	sich verabreden
einen Tipp geben (+ Dat.)	raten
einen Traum haben	träumen
einen Traum verwirklichen	realisieren
einen Vergleich anstellen mit (+ Akk.)	vergleichen
einen Vorschlag machen (+ Dat.)	vorschlagen
einen Wunsch abschlagen (+ Akk.)	Nein sagen
einen Wunsch erfüllen (+ Akk.)	Ja sagen
einen Zusammenhang herstellen zwischen (+ Dat.) und (Dat.)	... und ... hängt zusammen
einer Prüfung unterziehen	geprüft werden
Erfahrung sammeln	vieles lernen
Fragen stellen	fragen
Freundschaft schließen mit (+ Dat.)	sich anfreunden
Grund nennen für (+ Akk.)	begründen
Hilfe brauchen/benötigen bei (+ Dat.)	hilfsbedürftig sein
Hilfe leisten (+ Dat.)	helfen
in Anspruch nehmen (+ Akk.)	beanspruchen
in der Lage sein	fähig sein
in Erfüllung gehen	sich erfüllen
in Frage kommen	möglich sein
in Kauf nehmen	akzeptieren
in Rente gehen	pensioniert werden
in Schutz nehmen vor (+ Dat.)	beschützen
in Schwierigkeiten kommen/geraten	Probleme bekommen
in Schwierigkeiten sein	Probleme haben
in Sicherheit bringen (+ Akk.)	retten
Karriere machen	erfolgreich sein
Kontakte knüpfen mit (+ Dat.)	Leute kennenlernen
Kosten tragen	bezahlen
Kritik üben an (+ Dat.)	kritisieren

Beispielsatz
Fadi Samet übt den Beruf des Übersetzers aus.
Sie wollte nach der Geburt ihres Kindes wieder einen Beruf ergreifen.
Im Altstadthotel hat Malaika Hadrawi einen Eindruck von der Arbeit im Hotel gewonnen.
Wir haben den Entschluss gefasst, im Sommer zu heiraten.
Wir haben den Fehler behoben und werden entsprechende Maßnahmen einleiten.
Ich muss zugeben, dass ich einen Fehler gemacht habe.
Verzeih mir bitte den Fehler! Ich werde das nie wieder tun.
Fadi hat Malaika einen Gefallen getan. Er hat auf ihren Sohn aufgepasst.
Welchen Eindruck haben Sie von dem Bewerber?
Er hat einen guten Eindruck bei mir hinterlassen. Ich denke, wir sollten ihn einstellen.
Du machst heute einen schlechten Eindruck auf mich. Bist du krank?
Können Sie mir einen Hinweis geben, wo ich die Kundendaten finden kann?
Wir können Ihnen einen Rabatt von 10 % geben.
Herr Lehmann gibt Hedda Aziz den Rat, von wichtigen Dokumenten immer Sicherungskopien zu machen.
Es macht Sinn, in die berufliche Weiterbildung zu investieren.
Gerne können wir einen Termin in Ihrer Firma vereinbaren.
Er gab mir den Tipp, in einem Verein nach neuen Bekanntschaften zu suchen.
Sie hat den Traum eine Weltreise zu machen.
Nhan Nguyen möchte seinen Traum vom Medizinstudium verwirklichen.
Hedda Aziz stellt einen Vergleich mit den Angeboten anderer Firmen an.
Ich mache dir den folgenden Vorschlag: ...
Wenn du mich so nett bittest, kann ich dir keinen Wunsch abschlagen.
Malaika Hadrawi hat ihrem Sohn einen Wunsch erfüllt. Sie hat ihm ein Spielzeug gekauft.
Aus der Produktqualität und dem Erfolg eines Unternehmens kann man einen Zusammenhang herstellen.
Ein Auto wird regelmäßig einer technischen Prüfung, dem TUV, unterzogen.
In seinem Heimatland hat Ahmed Moussa Erfahrung in einer Kfz-Werkstatt gesammelt.
Stell doch nicht immer so viele Fragen!
Nhan Nguyen hat mit Peter Freundschaft geschlossen.
Bitte nennt mir den Grund für euer Verhalten! Warum macht ihr so einen Quatsch, Kinder?
Fayyad Hadji benötigt manchmal Hilfe von seinen Kollegen.
Sie leistete der Familie Hilfe bei der Wohnungssuche.
Ihre Arbeit nimmt Dimitra Papadopoulou stark in Anspruch.
Der Arbeitgeber erwartet, dass sie in der Lage ist, diese Aufgabe zu erfüllen.
Ich hoffe, mein Wunsch geht in Erfüllung!
Welcher Beruf kommt für Sie nicht in Frage?
Dimitra Papadopoulou muss viele Überstunden machen. Das nimmt sie in Kauf.
Nächstes Jahr geht die Chefin in Rente.
Der Chef nimmt die Mitarbeiterin vor den kritischen Kunden in Schutz.
Die Jugendlichen werden in Schwierigkeiten geraten, wenn Sie nicht für die Schule lernen.
Ihr Cousin ist in ernsten Schwierigkeiten. Er muss ins Gefängnis.
Ein Bekannter hat die Familie vor dem Krieg in Sicherheit gebracht.
Anita möchte Karriere bei einem Modeunternehmen machen.
Anita Jiménez knüpfte Kontakte mit ihren Kollegen.
Die Firma trägt die Kosten für die Versicherung der Ware.
Die Mutter übt Kritik an den kurzen Öffnungszeiten des Kindergartens.

Nomen-Verb-Verbindungen

Nomen-Verb-Verbindung	Verb / Bedeutung
Maßnahmen ergreifen für (+ Akk.)	etwas tun/tätig werden
Neugierde wecken für (+ Akk.)	neugierig machen
Notizen machen	aufschreiben
Opfer bringen	opfern
Rat suchen bei (+ Dat.)	um Hilfe fragen
Recht haben	sich nicht irren
Respekt haben vor (+ Dat.)	respektieren
Rücksicht nehmen auf (+ Akk.)	bedacht sein
Ruhe bewahren	ruhig bleiben
Schluss machen mit (+ Dat.)	beenden
Schwierigkeiten bereiten	Probleme machen
sein Wort geben (+ Dat.)	versprechen
seine Hilfe anbieten (+ Dat.)	gerne helfen
sich Gedanken machen über (+ Dat.)	nachdenken über
sich Mühe geben bei (+ Dat.)/mit (+ Dat.)	sich bemühen
sich Sorgen machen über (+ Akk.)	sich sorgen
Überstunden abbauen	weniger arbeiten
Überstunden machen	mehr arbeiten
um Erlaubnis fragen	bitten etwas tun zu dürfen
Unterlagen erstellen	etwas schreiben/zusammensuchen
Verantwortung tragen für (+ Akk.)	verantwortlich sein
Verantwortung übernehmen für (+ Akk.)	die Konsequenzen tragen
Verständnis haben für (+ Akk.)	verstehen
Verständnis zeigen für (+ Akk.)	verstehen
Vertrauen genießen bei (+ Dat.)	vertrauen
Vertrauen missbrauchen	enttäuschen
Vorbereitungen treffen für (+ Akk.)	vorbereiten
Ware umtauschen	zurückgeben/wechseln
Zeit haben für (+ Akk.)	-
Zeit verlieren	Zeit vergeuden
zu einem Ergebnis kommen	abschließen
zu Ende bringen (+ Akk.)	beenden/fertig stellen
zu Wort kommen	sprechen dürfen
zum Abschluss bringen (+ Akk.)	abschließen
zum Ende kommen	beenden
zur Auswahl stehen	infrage kommen/angeboten werden
zur Folge haben	folgen/resultieren
zur Rede stellen (+ Akk.)	über ein Problem reden
zur Ruhe kommen	ruhig werden
zur Verantwortung ziehen für (+ Akk.)	zurechtweisen/bestrafen
zur Verfügung stehen für (+ Akk.)	frei/verfügbar sein

Beispielsatz
Wir werden geeignete Maßnahmen ergreifen, damit dieses Problem nicht wieder vorkommt.
Die Kindergärtnerin weckt die Neugierde der Kinder für Tiere.
Hast du dir heute im Kurs Notizen gemacht?
Die Ausbildung ist sehr anspruchsvoll. Da muss ich Opfer bringen.
Früher suchte er oft Rat bei seinem Vater.
Du hast Recht. Deine Argumente sind wirklich überzeugend.
In der Altenpflege sollte man Respekt vor alten Menschen haben.
Liebe Nachbarn, nehmen Sie bitte Rücksicht und machen Sie die Musik nachts leiser.
Im Brandfall sollten Sie Ruhe bewahren.
Wir machen Schluss mit hohen Preisen. 50 % Rabatt auf alles!
Die Rechtschreibschwäche hat Frau Wiegand lange große Schwierigkeiten bereitet.
Ich gebe Ihnen mein Wort, dass ich in Zukunft nicht mehr zu spät zur Arbeit kommen werde.
Fadi Samet bietet Flüchtlingen seine Hilfe an.
Die Jugendlichen machen sich Gedanken über ihre Zukunft.
Fayyad Hadji gibt sich bei der Beratung der Kunden und mit seiner Aussprache Mühe.
Viele Selbstständige machen sich Sorgen um ihre zukünftigen Aufträge.
Sie wird die Überstunden nächsten Monat abbauen und sich etwas erholen.
Dimitra Papadopoulou macht momentan viele Überstunden, weil so viele Kollegen krank sind.
Die Kinder müssen die Eltern wegen der Klassenfahrt um Erlaubnis fragen.
Bitte erstellen Sie die Unterlagen für die Besprechung bis 16 Uhr.
Anita Jiménez trägt Verantwortung für Aufträge mit südamerikanischen Kunden.
Malaika Hadrawi übernimmt die Verantwortung für die schlechte Qualität des Orangensafts.
Die meisten Arbeitgeber haben Verständnis für Mitarbeiter mit kleinen Kindern.
Zeigen Sie Verständnis für die Sorgen Ihrer Kollegen.
Fadi Samet genießt als Übersetzer bei der Polizei Vertrauen.
Eine Bekannte missbrauchte das Vertrauen ihres Arbeitgebers und verlor fast ihre Stelle.
Hedda Aziz und ihr Kollege treffen Vorbereitungen für eine Dienstreise.
Können wir die Ware umtauschen, wenn wir nicht zufrieden sind?
Fadi Samet hat keine Zeit für Hobbys.
Lass uns keine Zeit verlieren und gleich losfahren.
Wir müssen jetzt zu einem Ergebnis kommen.
Wir müssen die Arbeit heute zu Ende bringen.
Entschuldigung! Ich komme nicht zu Wort. Ich möchte auch etwas sagen.
Das Projekt wurde letztes Jahr zum Abschluss gebracht.
Kommen Sie jetzt zum Ende. Die Zeit für die Bearbeitung des Leseverstehens ist vorbei.
Zur Auswahl stehen Milchkaffee, Espresso und grüner Tee.
Die ungeplante Schwangerschaft hatte für Petra Münzberg den Abbruch der Ausbildung zur Folge.
Die Eltern stellten die Kinder zur Rede.
Toma Popescu kommt beim Angeln zur Ruhe.
Der Mitarbeiter wurde für den Fehler zur Verantwortung gezogen.
Malaika Hadrawi steht für Schichtdienste zur Verfügung.

Nomen mit Präpositionen

Nomen mit Präposition	Verb / Bedeutung
die Abhängigkeit von (+ Dat.)	abhängen von
die Aggressivität zu (+ Dat.)/gegen (+ Akk.)	sich aggressiv zu/gegen verhalten
die Angewiesenheit auf (+ Akk.)	angewiesen sein auf
die Anwesenheit bei (+ Dat.)	anwesend sein bei
der Ärger auf (+ Akk.)/über (+ Akk.)	sich ärgern über
die Armut an (+ Dat.)	arm sein an
die Begeisterung von (+ Dat.)/für (+ Dat.)	begeistert sein von
die Bekanntheit bei (+ Dat.)/für (+ Akk.)	bekannt sein bei/für
die Beliebtheit bei (+ Dat.)	beliebt sein bei
die Bereitschaft zu (+ Dat.)	bereit sein zu
der Bericht über (+ Akk.)	berichten über
die Beruhigung über (+ Akk.)	sich beruhigen
die Berühmtheit für (+ Akk.)	berühmt sein für
die Beschäftigung mit (+ Dat.)/bei (+ Dat.)	sich beschäftigen mit/beschäftigt sein bei
die Beteiligung an (+ Dat.)	sich beteiligen an
die Beunruhigung über (+ Akk.)	sich beunruhigen über
die Bezeichnung für (+ Akk.)/als (+ Akk.)	bezeichnen als
die Dankbarkeit für (+ Akk.)	dankbar sein für
die Eifersucht auf (+ Akk.)	eifersüchtig sein auf
die Eignung zu (+ Dat.)/für (+ Akk.)	sich eignen zu/für
das Einverständnis mit (+ Dat.)	einverstanden sein mit
die Empörung über (+ Akk.)	sich empören über
die Entfernung von (+ Dat.)	entfernt sein von
die Entscheidung für/gegen/über (+ Akk.)	sich entscheiden für
die Entschlossenheit zu (+ Dat.)	entschlossen sein zu
das Entsetzen über (+ Akk.)	entsetzt sein über
die Enttäuschung über (+ Akk.)	enttäuscht sein von
die Erfahrung in (+ Dat.)/mit (+ Dat.)	erfahren sein in/mit
das Erstaunen über (+ Akk.)	erstaunt sein über
die Fähigkeit zu (+ Dat.)	fähig sein zu
die Freiheit von (+ Dat.)	frei sein von
die Freude auf/über (+ Akk.)	sich freuen auf/über
die Freundlichkeit zu/gegenüber (+ Dat.)	freundlich sein zu
die Freundschaft mit (+ Dat.) /zwischen (+ Dat.)	befreundet sein mit
die Fülle an (+ Dat.)	vielfältig sein
die Gewöhnung an (+ Akk.)	sich gewöhnen an
die Gleichgültigkeit gegenüber (+ Dat.)	gleichgültig sein
das Glück über (+ Akk.)	glücklich sein über
die Heirat mit (+ Dat.)	heiraten
der Hinweis auf (+ Akk.)	hinweisen auf
die Hoffung auf (+ Akk.)	hoffen auf
der Inhalt von (+ Dat.)	beinhalten
das Interesse an (+ Dat.)	interessiert sein an
die Investition in (+ Akk.)	investieren in

Beispielsatz
Die Abhängigkeit vom Geld des Jobcenters fand Petra Münzberg schlimm.
Weder die Aggressivität von Kunden zu Verkäufern, noch die von Verkäufern gegen Kunden ist tolerierbar.
Die Angewiesenheit auf Sozialleistungen belastet den Familienvater.
Für alle Auszubildenden ist die Anwesenheit bei dieser Veranstaltung verpflichtend.
Den Ärger auf die Mutter über das Fernsehverbot konnte man dem Jungen ansehen.
Die Armut an Lebensmitteln und Trinkwasser ist in vielen Ländern ein ernstes Problem.
Die Begeisterung von Toma Popescu für Fußball ist groß.
Manchmal ist Fadi Samet seine Bekanntheit bei den Flüchtlingen für seine guten Übersetzungen zu viel.
Süßigkeiten sind für ihre Beliebtheit bei Kindern bekannt.
Als Feuerwehrmann müssen Sie über die Bereitschaft zur Schichtarbeit verfügen.
Der Bericht über die Entwicklung der Firma war etwas langweilig.
Die Beruhigung darüber, endlich in Sicherheit zu leben, lässt sich nicht in Worte fassen.
Die Berühmtheit Deutschlands für Autos ist weltweit ausgeprägt.
Die Beschäftigung mit Tieren erfordert Geduld./Eine Beschäftigung bei dieser Firma ist gut bezahlt.
Die aktive Beteiligung jedes Teams an der Planung des Betriebsausflugs wird erwartet.
Die Beunruhigung über das Verschwinden des Hundes war groß.
Die Bezeichnung „Schrippe“ für Brötchen ist Vielen unbekannt./Seine Bezeichnung als Anwalt ist ungültig.
Die Patientin drückte ihre Dankbarkeit für die gute Behandlung mit einem Blumenstrauß aus.
Die Eifersucht auf die Kollegen seiner Frau kann der Mann nicht verbergen.
Seine Eignung zum Bedienen der Maschinen muss er zuerst nachweisen./ Der Arbeitgeber benötigt einen Nachweis der Eignung für diese Tätigkeit.
Bei der Vertragsunterzeichnung haben Sie Ihr Einverständnis mit den Lieferbedingungen erklärt.
Die Empörung über die ungerechte Entscheidung des Schuldirektors war bei den Schülern groß.
Die Entfernung von ihrer Heimat ist für Dimitra Papadopoulou manchmal zu groß.
Die Entscheidung für die Arbeit im Hotel hat Malaika Hadrawi nie bereut.
Bei Bränden ist die Entschlossenheit zu schnellem Handeln äußerst wichtig.
Das Entsetzen über die Kündigung von 50 Mitarbeitern betraf die ganze Firma.
Die Enttäuschung über das schlechte Wetter beeinträchtigte den Urlaub.
Die Erfahrungen mit den Gästen im Altstadthotel haben Malaika Hadrawi sehr gefallen.
Das Erstaunen über das deutsche Essen war bei Nhan Nguyen anfangs groß.
Die Fähigkeit zu strategischem Denken ist in Positionen der Geschäftsführung unverzichtbar.
Endlich habe ich die Freiheit von Geldsorgen erreicht!
Die Freude über den Anruf der Freunde und auf deren baldigen Besuch war groß.
Zu den Aufgaben des Busfahrers zählt die Freundlichkeit zu den Fahrgästen./ Die Freundlichkeit der Kellnerin gegenüber den Gästen war erstaunlich.
Die Freundschaft mit Maria ist Julia sehr wichtig./Die Freundschaft zwischen Maria und Julia ist unerschütterlich.
Die Fülle an Brotsorten in Deutschland findet Nhan Nguyen beeindruckend.
Die Gewöhnung an die neue Umgebung ging bei den Kindern schnell.
Die Gleichgültigkeit ihres Mannes gegenüber ihrem Hobby ärgert sie.
Das Glück über die Geburt des Kindes ist unbeschreiblich.
Anitas Heirat mit ihrem Mann fand in Buenos Aires statt.
Fayyad Hadji hat einem Freund einen Hinweis auf eine Stellenausschreibung gegeben.
Die Familie gibt die Hoffnung auf eine Rückkehr in die Heimat nicht auf.
Der Inhalt vom Artikel "Alles im Lot" hat mir Anregungen gegeben.
Vielen Dank für Ihr Interesse an unseren Produkten.
Die Investition in die neuen Maschinen hat sich für die Firma ausgezahlt.

Nomen mit Präpositionen

Nomen mit Präposition	Verb / Bedeutung
die Konzentration auf (+ Akk.)	sich konzentrieren auf
die Liebe zu (+ Dat.)	lieben
das Misstrauen gegenüber (+ Dat.)	misstrauen
die Müdigkeit von (+ Dat.)	müde sein von
der Neid auf (+ Akk.)	neidisch sein auf
die Neugier(de) auf (+ Akk.)	neugierig sein auf
der Nutzen für (+ Akk.)	nutzen
die Offenheit für (+ Akk.)	offen sein für
der Protest gegen (+ Akk.)	protestieren gegen
die Reaktion auf (+ Akk.)	reagieren auf
der Reichtum an (+ Dat.)	reich sein an
der Schaden für (+ Akk.)	schaden
die Schuld an (+ Dat.)	schuld sein an
die Spannung auf (+ Akk.)	gespannt sein auf
die Spezialisierung auf (+ Akk.)	sich spezialisieren auf
der Stolz auf (+ Akk.)	stolz sein auf
die Suche nach (+ Dat.)	suchen nach
die Teilnahme an (+ Dat.)	teilnehmen an
die Tendenz zu (+ Dat.)	tendieren zu
die Trauer über (+ Akk.)	trauern über
der Traum von (+ Akk.)	träumen von
die Traurigkeit über (+ Akk.)	traurig sein über
die Überzeugung von (+ Dat.)	überzeugt sein von
die Unabhängigkeit von (+ Dat.)	unabhängig sein von
die Unannehmlichkeit für (+ Akk.)	unangenehm sein für
die Unbeliebtheit bei (+ Dat.)	unbeliebt sein bei
die Unerfahrenheit in (+ Dat.)	unerfahren sein in
die Unfreundlichkeit zu (+ Dat.)	unfreundlich sein zu
die Unglücklichkeit über (+ Akk.)	unglücklich sein über
die Unschuld an (+ Dat.)	unschuldig sein an
die Unterteilung in (+ Dat.)	unterteilen in
die Unzufriedenheit mit (+ Dat.)	unzufrieden sein
die Verantwortlichkeit für (+ Akk.)	zuständig sein für
die Verantwortung für (+ Akk.)	verantwortlich sein für
die Verpflichtung zu (+ Dat.) /für (+ Akk.)	verpflichten zu/für
das Vertrauen auf (+ Akk.) /in (+ Akk.)	vertrauen auf/in
die Verwunderung über (+ Akk.)	verwundert sein über
die Vorbereitung auf (+ Akk.)	vorbereiten auf
die Werbung für (+ Akk.)	werben für
die Wichtigkeit für (+ Akk.)	wichtig sein für
die Wirkung auf (+ Akk.)	wirken auf
die Wut auf (+ Akk.)/über (+ Akk.)	wütend sein auf/über
die Zufriedenheit mit (+ Dat.)	zufrieden sein mit
der Zweifel an (+ Dat.)	zweifeln an
eine Bedingung stellen an (+ Akk.)	etwas fordern

Beispielsatz
Für Elektroniker ist die Konzentration auf kleinste Details wichtig.
Aus Liebe zu Tieren gründete sie ein Tierheim.
Das Misstrauen ihres Sohnes gegenüber den Erzieherinnen im Kindergarten kann Malaika nicht verstehen.
Sie fühlten lange die Müdigkeit von der anstrengenden Reise.
Neid auf seine Nachbarn ist Nhan Nguyen fremd.
Die Neugierde auf die Erzählungen des Großvaters ist bei den Kindern groß.
Bei unseren neuen Produkten muss der Nutzen für die Gesundheit hervorgehoben werden.
Die Offenheit für andere Kulturen und Sprachen hat Fadi Samet sehr geholfen.
Der Protest der Belegschaft gegen die Lohnkürzungen hat nichts genützt.
Die Reaktion der Geschäftsführung auf die Proteste war verständnisvoll.
Deutschland ist für seinen Reichtum an Wasser bekannt.
Der Schaden für das Unternehmen beträgt 25.000 €.
Die Schuld an dem Unfall trägt der Fahrer des gelben BMW.
Die Spannung auf den neuen Hollywoodfilm ist unerträglich.
Die Spezialisierung auf Autoreifen ist bei diesem Unternehmen der Schlüssel zum Erfolg.
Petra Münzbergs Stolz auf ihre finanzielle Unabhängigkeit ist groß.
Die Suche nach einer Wohnung war für Hedda Aziz und ihre Familie schwer.
Die Teilnahme an Firmenfeiern ist erwünscht.
Sie weiß nicht, welche Bluse sie kaufen soll. Ihre Tendenz geht zu der grünen.
Die Trauer über den Tod der Großmutter ist kaum auszuhalten.
Caroline Youssri möchte ihren Traum von einer Reise nach Paris verwirklichen.
Die Traurigkeit über den Verlust der Arbeitsstelle hat sie mittlerweile überwunden.
Meine zukünftige Partnerin muss meine Überzeugungen von einem guten Leben teilen.
Die finanzielle Unabhängigkeit von ihrem Mann ist der neuen Kollegin wichtig.
Die Verspätung des Zuges verursachte Unannehmlichkeiten für die Reisenden.
Die Unbeliebheit von Routineaufgaben bei einigen Mitarbeitern ist bekannt.
Seine anfängliche Unerfahrenheit im Führen von Beratungsgesprächen war für Fayyad Hadji ein Problem.
Die Unfreundlichkeit mancher Gäste zum Hotelpersonal ärgern Malaika Hadrawi.
Seine Unglücklichkeit über den Verlust seiner Arbeitsstelle kann kaum etwas lindern.
Anitas Unschuld an dem Autounfall ist eindeutig.
Die Unterteilung des Schulsystems in unterschiedliche Schulformen ist nicht leicht zu verstehen.
Die Unzufriedenheit mit den beruflichen Aussichten waren der Grund für Toma Popescus Umzug nach Deutschland.
Die Verantwortlichkeiten für die einzelnen Aufgabenbereiche sind in der Firma klar geregelt.
Die Verantwortung für ihren Sohn empfindet Malaika Hadrawi als Herausforderung.
Mit diesem Vertrag sind Sie eine Verpflichtung zu regelmäßigen Zahlungen eingegangen. / Es besteht eine Verpflichtung für ein Jahr.
Das Vertrauen auf eine gute Zukunft ist bei Silvia fest verankert.
Die Verwunderung über die Gehaltserhöhung war groß.
Hedda Aziz investierte viel Zeit in die Vorbereitung auf die Deutschprüfung.
Ist in Ihrem Heimatland die Werbung für Zigaretten erlaubt?
Die Wichtigkeit von Fremdsprachenkenntnissen ist für die Hotel- und Gaststättenbranche beträchtlich.
Die Wirkung dieses Medikaments auf Menschen ist noch nicht erforscht.
Er hat immer noch Wut auf den alten Chef und über dessen Ungerechtigkeit.
Die Zufriedenheit mit seiner Tätigkeit sieht man Fadi Samet an.
Malaikas Freundin hat große Zweifel an der Treue ihres Mannes.
An unser Geschäftsverhältnis stelle ich die Bedingung, dass Sie immer pünktlich liefern.

Adjektive mit Präpositionen

Adjektiv mit Präposition	Beispielsatz
abhängig von (+ Dat.)	Die Lieferdauer ist abhängig von der Bestellmenge.
angenehm für (+ Akk.)	Unser Treffen auf der Messe war für mich sehr angenehm.
angesehen bei (+ Dat.)	Er ist bei seinen Kunden sehr angesehen.
angewiesen auf (+ Akk.)	Ich bin auf Ihre Hilfe angewiesen.
ärgerlich auf (+ Akk.)/über (+ Akk.)	Sie ist ärgerlich auf ihre Kollegin./Er ist ärgerlich über die Verspätung seines Kollegen.
befreundet mit (+ Dat.)	Fayyad Hadji ist mit seinen Nachbarn befreundet.
begeistert von (+ Dat.)	Die Kundin ist begeistert von dem Gebrauchtwagen.
bekannt für (+ Akk.)/mit (+ Dat.)	Die Firma ist für gute Schuhe und Taschen bekannt./ Anita Jiménez ist mit Herrn Breitner bekannt.
beliebt bei (+ Dat.)	Anita Jiménez ist bei ihren Kollegen beliebt.
bereit zu (+ Dat.)	Der Händler ist zu Preisverhandlungen bereit.
berühmt für (+ Akk.)	Dimitra Papadopoulous Heimatland ist berühmt für seine Geschichte.
beschäftigt mit (+ Dat.)	Nhan hat sich beruflich mit medizinischen Geräten beschäftigt.
besorgt über (+ Akk.)/um (+ Akk.)	Caroline Youssri ist besorgt über ihre berufliche Zukunft./ Toma Popescu ist besorgt um seine Mutter.
beteiligt an (+ Dat.)	Sehr viele Mitarbeiter haben sich an der Organisation der Weihnachtsfeier beteiligt.
beunruhigt über (+ Akk.)	Hedda Aziz ist beunruhigt über die Nachrichten aus ihrem Heimatland.
böse auf (+ Akk.)	Der Junge ist böse auf das Mädchen.
dankbar für (+ Akk.)	Fayyad Hadji ist seinen Kollegen für ihre Hilfsbereitschaft dankbar.
eifersüchtig auf (+ Akk.)	Er ist eifersüchtig auf die Kollegen seiner Frau, mit denen sie nach der Arbeit Kaffee trinkt.
einverstanden mit (+ Dat.)	Sind Sie mit den Vertragsbedingungen einverstanden?
entsetzt über (+ Akk.)	Die Gäste waren entsetzt über die hohen Preise im Restaurant.
enttäuscht von (+ Dat.)	Die Fußballfans waren enttäuscht von ihrer Mannschaft.
erfreut über (+ Akk.)	Dimitra ist erfreut über die positiven Nachrichten aus Griechenland.
erstaunt über (+ Akk.)	Toma ist erstaunt über die vielen Fische, die er heute geangelt hat.
fertig mit (+ Dat.)	Wenn ich mit den Hausaufgaben fertig bin, gehe ich schwimmen.
frei von (+ Dat.)	Wenn ich Urlaube habe, bin ich frei von Sorgen.
freundlich zu (+ Dat.)	Fadi Samet ist freundlich zu seinen Nachbarn.
froh über (+ Akk.)	Malaika Hadrawi und ihre Mutter waren froh über den Mikrokredit.
geeignet für (+ Akk.)	Dieses Getränk ist nicht für Schwangere und Kinder geeignet.
gespannt auf (+ Akk.)	Die Kinder sind gespannt auf den Besuch.
gewöhnt an (+ Akk.)	Dimitra Papadopoulou ist an viel Arbeit gewöhnt.
glücklich über (+ Akk.)	Malaika Hadrawi ist glücklich über ihre neue Arbeit.
gut in (+ Dat.)/zu (+ Dat.)	Heddas Sohn ist gut in Mathematik./Der Lehrer ist gut zu den Schülern.
höflich zu (+ Dat.)	Malaika Hadrawi ist zu den Hotelgästen höflich.
interessiert an (+ Dat.)	Nhan Nguyen ist interessiert an Tischtennis.

Adjektive mit Präpositionen

Adjektiv mit Präposition	**Beispielsatz**
leicht für (+ Akk.)	Eine neue Sprache zu lernen ist für kleine Kinder leicht.
lieb zu (+ Dat.)	Hedda Aziz' Kinder sind lieb zu Tieren.
misstrauisch gegenüber (+ Dat.)	Die alte Dame war anfangs misstrauisch gegenüber den neuen Nachbarn.
müde von (+ Dat.)	Toma Popescu ist heute müde von der Arbeit.
neidisch auf (+ Akk.)	Ich bin nicht neidisch auf meinen reichen Nachbarn.
nett zu (+ Dat.)	Es zahlt sich aus, nett zu anderen Menschen zu sein.
neugierig auf (+ Akk.)	Die Kinder sind neugierig auf die Weihnachtsgeschenke.
reich an (+ Dat.)	Russland ist reich an Bodenschätzen.
schädlich für (+ Akk.)	Zu viel Stress ist schädlich für die Gesundheit.
schuld an (+ Dat.)	Wer ist schuld an dieser Unordnung?
schwierig für (+ Akk.)	Besonders für Alleinerziehende ist es schwierig, Beruf und Familie zu vereinbaren.
sicher vor (+ Dat.)	In vielen Städten fühle ich mich nicht sicher vor Taschendieben.
stolz auf (+ Akk.)	Hedda Aziz ist stolz auf ihre Kinder.
traurig über (+ Akk.)	Die Kinder sind traurig über den Streit der Eltern.
typisch für (+ Akk.)	Für Deutschland sind die vielen Brotsorten typisch.
überzeugt von (+ Dat.)	Nhan ist von der Sicherheit des Online-Bezahldienstes überzeugt.
unabhängig von (+ Dat.)	Toma Popescu ist finanziell unabhängig von seinen Eltern.
unangenehm für (+ Dat.)	Die Beschwerden der Mitarbeiter sind für Dimitra unangenehm.
unbeliebt bei (+ Dat.)	Der neue Vermieter ist bei den meisten Mietern unbeliebt.
unerfahren in (+ Dat.)	Die Praktikantin ist in den meisten Bereichen unerfahren.
unfreundlich zu (+ Dat.)	Heute war ein Fahrgast unfreundlich zu dem Straßenbahnfahrer.
ungeeignet für (+ Akk.)	Der Beruf des Schauspielers ist für schüchterne Menschen ungeeignet.
unglücklich über (+ Akk.)	Jeder Mensch ist manchmal unglücklich über sein Leben.
unzufrieden mit (+ Dat.)	Die Mitarbeiter sind unzufrieden mit den Wartezeiten in der Kantine.
verantwortlich für (+ Akk.)	Wer ist für dieses Problem verantwortlich?
verärgert über (+ Akk.)	Eine Mitarbeiterin ist über die unordentliche Führung der Patientenakten verärgert.
verheiratet mit (+ Dat.)	Hedda Aziz ist seit 15 Jahren mit ihrem Mann verheiratet.
verliebt in (+ Akk.)	Hedda Aziz' Tochter ist in einen Mitschüler verliebt.
verlobt mit (+ Dat.)	Weißt du, dass Nhan mit Silke verlobt ist?
verrückt nach (+ Dat.)	Unsinn, er ist verrückt nach Maria!
verwandt mit (+ Dat.)	Sind Sie mit jemandem aus dem Kurs verwandt?
wichtig für (+ Akk.)	Für alle Menschen ist Erholung wichtig.
wütend auf (+ Akk.)/über (+ Akk.)	Der Gast war wegen der langen Wartezeit wütend auf den Kellner./ Fayyad Hadji ist wütend über seine Kündigung.
zufrieden mit (+ Dat.)	Toma Popescu ist zufrieden mit seiner Arbeitsstelle.
zuständig für (+ Akk.)	Anita Jiménez ist für südamerikanische Kundenkontakte zuständig.

Verben mit Präpositionen

Mit Akkusativ

Infinitiv	Beispielsatz
achten auf	Worauf sollte man bei der Berufswahl achten?
ankommen auf	Es kommt auf die persönlichen Interessen an.
sich anpassen an	In einem fremden Land sollte man sich an die wichtigen Gepflogenheiten anpassen.
aufkommen für	Malaika Hadrawi kann für ihren Lebensunterhalt aufkommen.
sich aufregen über	Die Menschen regen sich über die hohen Benzinpreise auf.
sich bedanken für	Ich möchte mich für deine Hilfe bedanken.
sich beklagen über	Die alte Dame beklagt sich über das Essen im Krankenhaus.
sich bemühen um	Toma Popescu hat sich in Rumänien erfolglos um eine Arbeitsstelle bemüht.
sich beschweren über	Die Nachbarn beschweren sich über den Dreck im Treppenhaus.
sich bewerben um	Die Stelle ist toll! Bewirbst du dich um sie?
bitten um	Malaika Hadrawi bittet eine Kollegin um Hilfe bei der Betreuung ihres Kindes.
denken an	Denken Sie an den Lebenslauf?
diskutieren über	Worüber diskutiert ihr denn gerade?
sich entschuldigen für	Er entschuldigte sich für die Verspätung.
sich erinnern an	Anita Jiménez erinnert sich oft an ihre Freunde in Argentinien.
erkennen an	Woran erkennen Sie gutes Brot?
froh sein über	Stefanie ist froh über ihre neue Arbeit.
gehen um	Ich verstehe nicht, worum es in dem Text geht.
glauben an	Nhan glaubt an das Gute im Menschen.
sich halten an	Halten Sie sich unbedingt an die Sicherheitsbestimmungen!
sich handeln um	Es handelt sich hierbei um ein Weizenbrot mit Sonnenblumenkernen.
sich interessieren für	Interessieren Sie sich für Sport?
sich kümmern um	Könnten Sie sich bitte um diesen Auftrag kümmern?
lachen über	Dimitra hat laut über den Witz gelacht.
nachdenken über	Toma Popescu denkt über seine Zukunft nach.
schreiben über	Nhan schreibt seiner Großmutter einen Brief über sein neues Leben.
sorgen für	Dimitra Papadopoulou sorgt für eine gute Atmosphäre auf der Arbeit.
sprechen über	Hedda Aziz spricht über ihren letzten Urlaub.
staunen über	Malaika Hadrawi staunt über die Hilfsbereitschaft ihrer Kollegin.
sich unterhalten über	Die Kursteilnehmenden unterhalten sich über das Wochenende.
sich verlassen auf	Es ist wichtig, dass man sich auf einen Freund verlassen kann.
sich vorbereiten auf	Haben Sie sich schon auf die Sprachprüfung vorbereitet?
sich wundern über	Der Lehrer wundert sich immer wieder über den Fleiß der Lernenden.
verstoßen gegen	Die Mitarbeiterin hat so oft gegen die Regeln verstoßen, dass sie eine Abmahnung bekommt.
verzichten auf	Der Arzt rät ihr, auf Zucker zu verzichten.
warten auf	Sie werden aufgerufen. Warten Sie bitte darauf.

Verben mit Präpositionen

Mit Dativ	
Infinitiv	**Beispielsatz**
anfangen mit	Wann haben Sie mit dem Deutschlernen angefangen?
aufhören mit	Die Ärztin rät ihm, mit dem Rauchen aufzuhören.
beginnen mit	Toma, wann beginnst du auf der Arbeit mit dem Duzen?
sich bedanken bei	Hedda Aziz bedankt sich bei der Sozialarbeiterin für die Hilfe.
sich beklagen bei	Das Kind beklagt sich bei der Mutter.
sich beschäftigen mit	Wir beschäftigen uns heute mit der Grammatik.
bestehen aus	Woraus besteht dieses Essen?
sich bewerben bei	Bewerben Sie sich doch bei diesem Unternehmen.
diskutieren mit	Die Mitarbeiter diskutieren mit der Personalleiterin.
sich entschuldigen bei	Der Richter entschuldigt sich bei Fadi Samet für die Terminverschiebung.
erkennen an	Ich erkenne am Geruch, ob das Gemüse frisch ist oder nicht.
fragen nach	Fayyad Hadji möchte nach einer Gehaltserhöhung fragen.
sich fürchten vor	Malaikas Sohn fürchtet sich vor Spinnen.
gehören zu	Gehört das Persische zu den semitischen Sprachen?
leiden an/unter	Der Patient leidet an Bluthochdruck und leidet jetzt unter der Hitze.
sich treffen mit	Nhan trifft sich gerne mit Bekannten im Vereinshaus.
sich unterhalten mit	Ahmed Moussa unterhält sich mit dem Journalisten.
sich verabreden mit	Mit wem hast du dich heute verabredet?
teilnehmen an	Die Lehrerin möchte, dass alle Kinder an dem Ausflug teilnehmen.
telefonieren mit	Toma Popescu telefoniert oft mit seinem Vater.
sich treffen mit	Fayyad Hadji trifft sich heute Abend mit Kollegen zum Grillen.
träumen von	Wovon träumen Sie?
zubereiten aus	Unser Nationalgericht wird aus Kartoffeln, Zwiebeln, Schweinefleisch und Rotkohl zubereitet.
zweifeln an	Manchmal zweifelt Dimitra Papadopoulou an ihrer Entscheidung zur Auswanderung.

Kapitel 1: Verben

1a 3 beladen / –, 4 räumen / ein, 5 bearbeitet / –, 6 stellen / her, 7 legt / fest, 8 entladen / –

1b 2 eingepackt, 3 verschickt, 4 aufgelistet, 5 verstaucht, 6 bekämpft, 7 aufgeschrieben, 8 genehmigt

2 1 Fangen Sie (bitte) morgen früher an! 2 Nimm (bitte) am Vormittag die Lieferung an! 3 Bestellen Sie (bitte) neue Waren! 4 Räumt (bitte) am Wochenende die Küche auf!

3 2 zu beantragen, 3 zu bestellen, 4 abzubauen, 5 freizuhalten, 6 zu befolgen

4a trennbar: durchgehen, durchhalten, umkehren, umschulen, umsehen, umsetzen, wiederfinden

nicht trennbar: überarbeiten, überleben, überprüfen, überwachen, überwinden, umfassen, unterscheiden, untersuchen, unterteilen, unterziehen, widerrufen, widersprechen

4b 2 widersprochen, 3 durchgegangen, 4 untersucht, 5 überwunden, 6 wiedergefunden, 7 überprüft, 8 umgesehen, 9 überarbeitet, 10 umgesetzt

5a 2 wollen, 3 darf, 4 Soll, 5 Möchte, 6 Dürfen, 7 sollst, 8 möchten, 9 dürfen / müssen

5b 2 Kannst, 3 wollte / musste, 4 Soll, 5 müssen / können, 6 wollte, 7 konnten

6a 2 Fadi hat schon als Kind zwei Sprachen gekonnt. 3 Hat der Chef das so gewollt? 4 Ana hat zum Arzt gemusst. 5 Hast du nicht zur Party gedurft?

6b 2 Hedda Aziz hat aus Damaskus fliehen müssen. 3 Hast du gestern noch lange arbeiten müssen? 4 Hat der Chef das so haben wollen? 5 Habt ihr im Hotel essen können? 6 Haben Sie auf der Veranstaltung Kontakte knüpfen können?

7a 2 Das dürfte nicht so leicht sein. 3 Der muss schon unten im Keller stehen. 4 Ja, das dürfte eine gute Möglichkeit sein. 5 Er müsste schon bei unserem Kunden vor Ort sein. 6 Das könnte (kann/mag) am Schulstress liegen.

7b 2 Er könnte unseren Termin vergessen haben. 3 Das muss schwer gewesen sein. 4 Das dürfte Hedda gewesen sein.

8a 2 sitzen, 3 zu finden, 4 zu tun, 5 zuzumachen, 6 reparieren, 7 spazieren, 8 spazieren gehen

8b 3 zu / zu, 4 –, 5 zu, 6 zu, 7 –, 8 zu

8c 2 zu helfen, 3 zu lernen, 4 stören, 5 zu erreichen, 6 kennenzulernen, 7 abholen

9a 2 vorgestellt, 3 erkundigt, 4 gemacht, 5 aufgeschrieben

9b 2 sich, 3 dich, 4 sich, 5 sich, 6 uns, 7 sich, 8 euch, 9 mich

9c 3 mich, 4 dich, 5 dir, 6 mir, 7 dir, 8 mir, 9 mich

9d 2a/b, 3a/b, 4b, 5b, 6b

Kapitel 2: Zeiten

1a gefunden, geheiratet, angefangen, gefallen, übersetzt, gearbeitet, gemacht, studiert, gejobbt

1b 2 Hedda Aziz hat als Ingenieurin in Damaskus gearbeitet. 3 Vor etwa zwei Wochen hat Maria einen Kita-Platz für ihre Tochter gefunden. 4 Nhan hat in seiner Heimat Abitur gemacht. 5 Nach dem Studium hat Anita ihren Freund geheiratet. 6 In Deutschland hat Fadi für andere Flüchtlinge auf dem Amt übersetzt. 7 Das hat ihm gut gefallen. 8 In seiner Heimat hat Fadi Architektur studiert. 9 Was hast du am Wochenende gemacht? 10 Stefanie hat vor drei Jahren in einem Supermarkt gejobbt. 11 Fayyad hat als Verkäufer in einem Elektromarkt angefangen.

2a aufgetreten, geworden, ausgestorben, leichtgefallen, gewesen, aufgestiegen, geschehen, angekommen, passiert

2b 2 Herr Popescu, wo sind Sie gestern gewesen? 3 Heute Morgen ist mein Paket endlich angekommen. / Heute Morgen ist endlich mein Paket angekommen. 4 Hedda ist Diplom-Ingenieurin geworden. 5 Vor drei Jahren ist Dimitra zur Sachbearbeiterin aufgestiegen. 6 Wann ist dieses Problem zum ersten Mal aufgetreten? 7 Etwa 1998 ist der Beruf des Schriftsetzers ausgestorben. 8 Was ist gestern Abend geschehen? 9 Der Unterschied zwischen „Du" und „Sie" ist mir am Anfang nicht leichtgefallen. 10 Was ist Filiz gestern in der Schule passiert? 11 Wir wollten eine neue Pausenregelung, aber die Chefin ist dagegen gewesen.

3a 2 sind ... umgekehrt, 3 haben ... gefroren, 4 sind ... eingefroren, 5 habe ... getroffen / ist ... eingefallen

3b 1 hat ... gegeben, 2 hat ... gestanden, 3 hat ... verloren / ist ... gefallen, 4 hat ... gelegen, 5 hat ... gerufen, 6 ist ... gekommen / hat ... gebracht, 7 hat ... gefahren / ist ... gefahren, 8 ist ... passiert, 9 hat ... krankgeschrieben, 10 hat ... gebracht, 11 hat ... gelegt / ist ... eingeschlafen, 12 hat ... geschlafen / ist ... aufgewacht, 13 haben ... geholfen, 14 hat ... angerufen / bedankt

4a 1 räumten, 2 ein, 3 kontrollierte, 4 stieg, 5 wollte, 6 verlor, 7 schlug, 8 fiel, 9 lag, 10 rief, 11 kam, 12 brachte, 13 stellte, 14 fest, 15 wurde

4b 1 wurden, 2 brauchte, 3 setzte, 4 nannte, 5 legte, 6 an, 7 bedeckte, 8 entzündete, 9 setzte, 10 ein, 11 dauerte, 12 musste, 13 blieb, 14 war, 15 war, 16 zeigte, 17 an, 18 konnte, 19 führten, 20 lebten, 21 gehörten, 22 standen, 23 hatten, 24 galt, 25 wurde, 26 benutzte

5a 2 Nachdem er die Heizungsrohre vor die Hauswand gelegt hatte, hat er die Kabeltrommel neben den Bohrhammer gestellt. 3 Nachdem er die Kabeltrommel neben den Bohrhammer gestellt hatte, legte er die Montageanweisung auf die Therme im Keller. 4 Nachdem er die Montageanweisung auf die Therme im Keller gelegt hatte, hat er die Plane ausgelegt. 5 Nachdem er die Plane ausgelegt hatte, hat er die Heizkörper verteilt. 6 Nachdem er die Heizkörper verteilt hatte, hat er eine Pause mit Toma gemacht.

5b 2 die Rückseite geöffnet haben. 3 festgelegt haben, wer die Besprechung leitet. 4 schon als Schüler gejobbt hatte. 5 sich über den schlechten Service aufgeregt hatte. 6 die Rechnung noch nicht bezahlt hat.

5c 2b, 3b, 4a, 5a, 6b

6a 2 Dimitra Papadopoulou wird aus Griechenland stammen. 3 In fünfzig Jahren werden alle mit Elektroautos fahren. 4 Hedda wird krank sein. 5 Die Controlling-Abteilung wird in Unternehmen immer wichtiger werden.

6b 2 So etwas wird nie wieder vorkommen. 3 Unsere Mitarbeiter werden in Zukunft pünktlich sein. 4 Wir werden Sie rechtzeitig informieren.

6c 2 Ich werde mit dem Rauchen aufhören. 3 Ich werde immer den Müll runterbringen. 4 Ich werde regelmäßig Sport machen. 5 Ich werde mich gesünder ernähren. 6 Ich werde nicht jeden Abend fernsehen.

Kapitel 3: Passiv

1a 2 werden Pizzas gebacken. 3 wird Fußball gespielt. 4 werden alte Menschen betreut. 5 werden Autos repariert. 6 werden neue Produkte vorgestellt.

1b 2 wird in Deutschland nicht anerkannt. 3 werden alle Punkte zusammengezählt. 4 werden gekauft und nicht gelesen. 5 werden viele Kerzen angezündet. 6 wird von der Polizei nicht ausgeschlossen. 7 wirst du von deinen Eltern abgeholt? 8 werden Maschinenteile hergestellt. 9 wird Ihr Name buchstabiert? 10 wird am Freitag geliefert.

2 2 1918 wurde das Frauenwahlrecht in Deutschland eingeführt. 3 1945 wurde Deutschland in vier Besatzungszonen aufgeteilt. 4 1949 wurde die Bundesrepublik Deutschland gegründet. 5 1961 wurde die Berliner Mauer gebaut. 6 1990 wurden Ost- und Westdeutschland zu einem Staat vereinigt. 7 2005 wurde Angela Merkel zur Bundeskanzlerin gewählt. 8 2015 wurde ein Gesetz zum Mindestlohn beschlossen.

3 2 Das Auto ist repariert worden. 3 Der Pausenraum ist gereinigt worden. 4 Die Prospekte für die Messe sind gedruckt worden. 5 Die Wohnung ist renoviert worden. 6 Die Kollegen sind informiert worden. 7 Der Boden ist gewischt worden. 8 Die Seife im Seifenspender ist nachgefüllt worden. 9 Der Bericht ist bearbeitet worden.

4 2 Ja, der Antrag konnte rechtzeitig abgegeben werden. 3 Ja, unsere Chefin darf geduzt werden. 4 Ja, die Lohnabrechnungen können bis Mittwoch gemacht werden. 5 Ja, der Pausenraum muss aufgeräumt werden. 6 Nein, das Paket konnte nicht pünktlich geliefert werden. 7 Ja, der Lieferwagen muss noch heute beladen werden. 8 Nein, das Auto musste nicht in die Werkstatt gebracht werden.

5a 3 von, 4 durch, 5 von, 6 vom, 7 durch, 8 von, 9 durch, 10 von

5b 2 Das Bild wurde 1907 von Pablo Picasso gemalt. 3 Der verletzte Autofahrer ist durch eine Operation gerettet worden. 4 Die Idee ist vom Chef abgelehnt worden. 5 Die Eltern sind von der Lehrerin zum Gespräch gebeten worden. 6 Das Gebäude wurde durch einen Sturm beschädigt. 7 Der Computer wurde durch einen/ein Virus zerstört. 8 In der letzten Nacht wurde das Eingangstor der Firma von einem Lkw gerammt.

6 2a, 3b, 4a, 5a, 6b, 7a

7 2 Der Mitarbeiterin wird gratuliert. 3 Auf der Betriebsfeier wurde getanzt. 4 Die alte Heizungsanlage musste repariert werden. 5 Ein Fehler bei der Installation kann nicht ausgeschlossen werden. 6 Wie soll dieses Problem gelöst werden?

8a 1 Die Fenster sind geputzt. 2 Das Zimmer ist leer. / Das Zimmer ist eingerichtet. 3 Die Tür ist offen. / Die Tür ist geschlossen.

8b 2 Der Stromzähler ist angeschlossen. 3 Das Waschbecken im Bad ist noch nicht installiert. 4 Die Steckdosen sind montiert. 5 Die Wohnzimmerfenster sind eingebaut. 6 Die Wände im Schlafzimmer sind gestrichen. 7 Die Heizkörper sind angebracht. 8 Die neue Haustür ist noch nicht geliefert.

8c 2 Zahlreiche Dächer waren abgedeckt. 3 Viele Bäume waren umgeknickt. 4 Ältere Gebäude waren eingestürzt. 5 Einige Straßen waren überflutet. 6 Die Stromversorgung war beeinträchtigt.

Kapitel 4: Konjunktiv

1 2 wäre / könntest, 3 hätte, 4 wüsste, 5 wäre / würde, 6 solltest, 7 würde, 8 wäre, 9 hätte, 10 hätte / könnte

2 2 losgegangen wären / wären ... gekommen, 3 anerkannt hätte / hätte ... gefunden, 4 gesprochen hätte / wäre ... gewesen, 5 gehabt hätte / hätten ... gemietet, 6 gewesen wären / hätte ... schlafen können, 7 gehabt hätte / hätte ... besucht, 8 losgefahren wäre / hätte ... gestanden

3a 2 könnte er nicht von Übersetzungen leben. 3 hätte sie Zeit für Hobbys. 4 könnte ich dich besuchen. 5 würden wir sie einstellen. 6 könntest du fliegen. 7 könnte ich mich konzentrieren. 8 könnte er Kinder bekommen. 9 könnten wir den ganzen Tag spielen.

3b 2 Wäre das Auto nicht so alt, würde ich es kaufen. 3 Wüsste ich, welche Probleme du hast, könnte ich dir helfen. 4 Würden Sie die Waren sofort bezahlen, könnten wir Ihnen einen Rabatt gewähren. 5 Würde es keine Standards geben, könnte man die Qualität der Produkte nicht garantieren.

3c 2 Wenn ich keinen Unfall gehabt hätte, hätte ich in Urlaub fahren können. 3 Wenn ich Urlaub bekommen hätte, hätte ich nach Spanien fliegen können. 4 Wenn der Arzt den Patienten nicht sofort operiert hätte, wäre er gestorben. 5 Wenn Herr Müller gewusst hätte, wie der Wasserkocher funktioniert, hätte er ihn repariert. 6 Wenn der Fahrstuhl nicht kaputt gewesen wäre, hätten wir nicht die Treppe nehmen müssen. 7 Wenn der Bürgermeister die Baugenehmigung bekommen hätte, hätte er das Schwimmbad gebaut.

3d 2 Hätte ich keinen Unfall gehabt, hätte ich in Urlaub fahren können. 3 Hätte ich Urlaub bekommen, hätte ich nach Spanien fliegen können. 4 Hätte der Arzt den Patienten nicht sofort operiert, wäre er gestorben. 5 Hätte Herr Müller gewusst, wie der Wasserkocher funktioniert, hätte er ihn repariert. 6 Wäre der Fahrstuhl nicht kaputt gewesen, hätten wir nicht die Treppe nehmen müssen. 7 Hätte der Bürgermeister die Baugenehmigung bekommen, hätte er das Schwimmbad gebaut.

4a 2 Wenn die Reise nach Australien doch/bloß/nur nicht so teuer wäre! 3 Wenn wir doch/bloß/nur nicht so viele Überstunden machen müssten! 4 Wenn ich doch/bloß/nur nicht den Fehler gemacht hätte, mich zu spät zu bewerben! 5 Wenn man doch/bloß/nur in der Kantine nicht so lange warten müsste! 6 Wenn das Wetter hier doch/bloß/nur nicht so schlecht wäre! 7 Wenn ich doch/bloß/nur gewusst hätte, dass man hier nicht parken darf! 8 Wenn die Unterrichtsstunde doch/bloß/nur schon zu Ende wäre!

4b 2 Wäre die Reise nach Australien doch/bloß/nur nicht so teuer! 3 Müssten wir doch/bloß/nur nicht so viele Überstunden machen! 4 Hätte ich doch/bloß/nur nicht den Fehler gemacht, mich zu spät zu bewerben! 5 Müsste man doch/bloß/nur in der Kantine nicht so lange warten! 6 Wäre das Wetter hier doch/bloß/nur nicht so schlecht! 7 Hätte ich doch/bloß/nur gewusst, dass man hier nicht parken darf! 8 Wäre die Unterrichtsstunde doch/bloß/nur schon zu Ende!

4c 2 Ich wünschte, ich würde jetzt am Strand liegen. 3 Ich wünschte, ich könnte das schöne Auto kaufen. 4 Ich wünschte, ich könnte wie ein Vogel fliegen. 5 Ich wünschte, ich müsste jetzt noch nicht aufstehen. 6 Ich wünschte, ich wäre nicht so ängstlich. 7 Ich wünschte, ich könnte noch besser Deutsch sprechen. 8 Ich wünschte, ich hätte mehr Geld.

5 2 so, als ob er mich nicht verstanden hätte. 3 so, als ob es keine Krise geben würde. 4 so, als ob ich die ganze Nacht nicht geschlafen hätte. 5 so, als ob er erkältet wäre. 6 so, als ob sie ein Flugzeug wäre. 7 so, als ob sie meine Vorgesetzte wäre.

6a 2 Du solltest mit deinem Chef sprechen. 3 Du solltest aufräumen. 4 Du solltest es verkaufen. 5 Du solltest zum Friseur gehen. 6 solltest du nicht zum Vorstellungsgespräch gehen. 7 Du solltest dich gesünder ernähren. 8 Du solltest im Tierheim nachfragen. 9 Du solltest den Müll runterbringen.

6b 2 Wir könnten die Teambesprechung auf morgen verschieben. 3 Du könntest mit deinen Kollegen über das Problem sprechen. 4 Wir könnten einen Ausflug machen. 5 Du könntest eine andere Stelle suchen.

6c 2 Könnten/Würden Sie mir beim Ausfüllen des Antrags helfen? 3 Könntest/Würdest du mir die Hausaufgaben erklären? 4 Könnten/Würden Sie das Materiallager aufräumen? 5 Könnten/Würden Sie mich im Laufe des Nachmittags zurückrufen?

6d 2 Wir möchten, 2 Wir hätten gern, 4 Wären Sie so nett, 5 Dürfte ich Sie, 6 Hättest, 7 wäre, 8 Möchten, 9 Ich hätte gern

7a 2 sie seien sich sicher, dass alles gut werde. Sie hätten sehr lange diskutiert. 3 er habe mit dem Mord nichts zu tun. Er sei zum Zeitpunkt der Tat zu Hause gewesen. 4 sie hätten das Spiel gewonnen, weil ihr Torwart so gut gehalten habe. 5 die Katastrophe könne man nicht mehr aufhalten. Es gebe keine Rettung. 6 sie wolle sich zu diesem Skandal nicht äußern. Die Gemeinden hätten einfach zu wenig Geld.

7b Immer wieder haben Bürgerinnen und Bürger die Meinung vertreten, dass ein Flughafen ein wichtiger Schritt zur Verbesserung der Infrastruktur ist. Vor einiger Zeit hat sich ein privater Investor entschlossen, mit der Stadt zusammen einen Flughafen zu bauen. Eine solche Kooperation mit öffentlichen und privaten Geldern ist natürlich nicht unproblematisch. Ich habe auch nicht mit Protesten gegen den Bau des Flughafens gerechnet, es hat sich sogar eine Bürgerinitiative gebildet. Aber nun ist alles „in trockenen Tüchern“ und man kann noch in diesem Jahr mit dem Bau beginnen.

Kapitel 5: Adjektive

1a 1 liebe, 2 lieben, 3 tollen, 4 weltbekannten, 5 ganze, 6 anderen, 7 verbotene, 8 gute, 9 ganzen, 10 chinesische, 11 schlechten, 12 alten, 13 einfachen, 14 warme, 15 meisten, 16 deutschen, 17 liebsten, 18 unglaublichen, 19 gute

1b 2 nächsten, 3 alten, 4 durchschnittliche, 5 finanziellen, 6 möblierten, 7 neuen, 8 rote / blauen, 9 hinteren, 10 heißeste / ganzen, 11 zweithöchste, 12 höchsten

1c 2 kleines, 3 neues, 4 grüner, 5 altes, 6 aktuelles, 7 freundlicher, 8 günstiges, 9 linker, 10 hübsches

1d 2 neue, 3 fünfjährigen, 4 großen, 5 richtige, 6 rechtes, 7 kleinen, 8 guter, 9 meisten, 10 kleine

1e 2 gutem, 3 schwarze, 4 chinesischen / braunem, 5 Zahlreiche / schwerem, 6 frisches / geräuchertem, 7 halbem, 8 blondes, 9 kaputte

1f 2 neuen, 3 guten / gute, 4 bloßem, 5 neuer, 6 neuen, 7 netten, 8 grüner, 9 süße, 10 Neues, 11 teurer, 12 deutschen / deutsche

1g 1 Großer, 2 brauner, 3 großen, 4 Schwarzer, 5 schöne, 6 helle, 7 großer, 8 neunzehnten, 9 Alte, 10 Achtzigjähriger, 11 nette, 12 alte, 13 Schwarze, 14 kaputte, 15 zuverlässigen, 16 zuverlässige, 17 Olympischen, 18 8-jährige, 19 alte, 20 antike, 21 großer, 22 brauner, 23 möbliertes

1h 1 neues, 2 beste, 3 schwierigen, 4 gute, 5 guten, 6 beiden, 7 teures, 8 schöne, 9 schwarze, 10 grüne, 11 gestreiftem, 12 guten, 13 teure, 14 interessanten, 15 tolle, 16 blaue, 17 lila, 18 gelber, 19 möglichen, 20 interessante, 21 grüne, 22 hohen, 23 anderen, 24 prima, 25 beigefarbenen (beigen), 26 andere, 27 ganze, 28 gut, 29 dunkle, 30 schnell, 31 roten, 32 halben, 33 langer, 34 neues, 35 neues, 36 total

2a 2 renoviert, 3 befristet, 4 abgeschlossen, 5 gegründet, 6 geschlossen

2b 2 renovierte, 3 abgeschlossene, 4 befristeten, 5 geschlossene, 6 gegründete

2c 2 streikend, 3 sich verändernd, 4 geltend, 5 regierend, 6 klopfend

2d 2 klopfendem, 3 verändernden, 4 streikenden, 5 regierende, 6 geltendes

2e 2 folgenden, 3 gekochtes / gebratenes, 4 Kochendes, 5 gesparten, 6 Spielende, 7 kommenden, 8 gebrauchten, 9 weinenden

3a 2 Erwachsene, 3 Erziehungsberechtigter, 4 Illustrierten, 5 Verwandter, 6 Auszubildenden, 7 Deutsche, 8 Jugendliche, 9 Bekannten

3b 2 Blinden / Einäugige, 3 Leichteres, 4 Vorsitzende, 5 Gute, 6 Arbeitslose, 7 Toten / Verletzte, 8 Deutschen / Arabische, 9 Anwesenden

4a 2 Wir haben eine von einem Hoch bestimmte Wetterlage. 3 Nur angemeldete Teilnehmer können in den Kurs. 4 Warum bestreiten Sie diese schon vor Jahren bewiesene Theorie? 5 Was ist die höchste jemals auf der Erde gemessene

Temperatur? 6 Wann hast du den letzten mit der Hand geschriebenen Brief bekommen?

4b 2 Wasser ist ein aus Sauerstoff und Wasserstoff bestehendes Molekül. 3 Raupen sind sich später in Schmetterlinge verwandelnde Tiere. 4 Das sind zwei sich gegenseitig ausschließende Aussagen. 5 CO_2 ist ein das globale Klima beeinflussendes Gas. 6 Die Erde ist ein sich um die Sonne drehender Planet. 7 Wie hoch ist die von Ihnen monatlich zu entrichtende Miete? 8 Liebe ist ein schwer zu beschreibendes Gefühl. 9 Ergänzen Sie bitte die im Text fehlenden Wörter. 10 Die arabische Schrift ist eine von rechts nach links zu lesende Schrift.

4c Die von den Teilnehmern ausgefüllten Formulare ... 3 Die für viel Geld angeschafften Maschinen ... 4 Ein aus Bauxit gewonnenes Metall ... 5 Ein schwer auszusprechender Zungenbrecher ... 6 Die beiden von der Polizei verdächtigten Männer ... 7 Das vor einer Einfahrt parkende Auto ... 8 Die im Text enthaltenen Aussagen ... 9 Ein die Situation Alleinerziehender berücksichtigendes Gesetz ...

Kapitel 6: Artikel und Pronomen

1a 2 die, 3 einer, 4 das, 5 einer, 6 einer, 7 einer, 8 Des / der, 9 einen / einer, 10 ein / einer, 11 dem

1b 2 Die / einen / Der / eine / – / den, 3 –, 4 –/ –/ einen / das, 5 einen / Der, 6 Ein / ein / Das / Der / einen / – / Der / – / der / ein / einen / Der, 7 Die / eine, 8 eine / –, 9 die, 10 einen / einen, 11 ein / eine / Der / des / –, 12 – / die / –

1c 1 ein, 2 der, 3 des, 4 die, 5 , 6 , 7 die, 8 , 9 die, 10 , 11 , 12 –, 13 die, 14 Der, 15 des, 16 der, 17 den, 18 die, 19 eine, 20 Der, 21 Die, 22 Der, 23 –, 24 ein, 25 eine, 26 der, 27 einen, 28 eine, 29 dem, 30 ein, 31 –, 32 –, 33 der, 34 –, 35 Das, 36 das

2a 2 einer, 3 eins, 4 welche, 5 einer, 6 eins, 7 welche, 8 welches, 9 welcher, 10 eins, 11 einer

2b 2 keine, 3 keiner, 4 keinen, 5 keins, 6 keine, 7 keine, 8 keins, 9 keinem, 10 keiner, 11 keinem, 12 keinen

2c 2 Ja, hier sind welche. / Nein, hier sind keine. 3 Ja, hier ist eins. / Nein, hier ist keins. 4 Ja, hier ist einer. / Nein, hier ist keiner. 5 Ja, hier ist eine. / Nein, hier ist keine. 6 Ja, hier sind welche. / Nein, hier sind keine.

2d 2 das ist nicht meine. 3 das ist unserer. 4 das ist seiner. 5 das ist nicht ihrer. 6 das sind nicht meine. 7 nicht seins. 8 das ist nicht deiner.

2e 2g, 3b, 4a, 5c, 6i, 7j, 8e, 9f, 10h

2f 2 sie hat keinen. 3 da ist einer. 4 ich kaufe sie. 5 ich habe sie vergessen. 6 haben keine. 7 wir haben ihn schon kennengelernt. 8 welche. 9 habe keins.

2g 2 jeder, 3 ein paar, 4 Vielen, 5 mein, 6 Welch / Dies, 7 Mit wessem, 8 viel / mehre, 9 nichts / nicht, 10 Viel, 11 alle, 12 eins, 13 einem paar, 14 derem, 15 ihren

2h 2 – / –, 3 –, 4 Beides, 5 jeder, 6 – / – / einen, 7 alles / –, 8 allem, 9 – (jemanden) / keinem, 10 – / –, 11 viele / einigen / anderen / –, 12 alle / einer, 13 beide

2i 2 jeder, 3 alle, 4 keiner, 5 keine, 6 welche, 7 man, 8 Beide, 9 irgendwelche, 10 all

3a 2 sie hat ihn ihm geschenkt. 3 sie hat sie ihm nicht gekauft. 4 er hat sie ihnen nicht gekauft. 5 sie hat sie ihm geschenkt. 6 sie hat es ihm nicht gekauft. 7 ich habe es mir gekauft.

3b 2 ich gebe ihn dir. 3 schicken sie Ihnen. 4 wir verkaufen ihn euch nicht. 5 er hat ihm keins überwiesen. 6 er hat es ihm überwiesen. 7 er hat mir welche gegeben. 8 er hat mir keine gegeben, 9 er hat sie mir nicht gegeben. 10 er hat sie mir gegeben.

Kapitel 7: Deklination von Nomen

1a 2 den / Akk., 3 Das / Nom., 4 der / Gen., 5 Dem / Dat., 6 dein / Nom.

1b 2 der / Frau / des / Mannes, 3 den / Kindern / dem, 4 Der / Vater / seinem / Sohn / einen / Computer, 5 das / des / Chefs, 6 Ein / ein / Lokal / Tischen, 7 des / Jahres / eine / Reise / die, 8 Hause

1c das / die / das / eine / der / das / einen / Laufe / des / Tages / die

2a 2 den Kollegen / dem Kollegen / des Kollegen / die Kollegen, 3 der Kunden / den Kunden / dem Kunden / des Kunden, 4 der Nachbar / den Nachbarn / dem Nachbarn / des Nachbarn, 5 der Mensch / den Menschen / des Menschen / die Menschen, 6 der Herr / den Herrn / des Herrn / der Herren

2b 2 Bundespräsidenten, 3 Kollegen, 4 Herrn, 5 Architekten, 6 Menschen, 7 Nachbarn, 8 Gedanken

2c 1 Neffe, 2 Touristen, 3 Nachbarn, 4 Herrn, 5 Kollegen, 6 Polizisten, 7 Jungen

2d 1 Präsidenten, 2 Augenzeugen, 3 Student, 4 Patienten, 5 Kunden, 6 Jungen, 7 Bauern, 8 Buchstabens, 9 Praktikant, 10 Familiennamens

2e 2 Türke / Pole / Irakern / Russe, 3 Schweizern, 4 Ministerpräsident, 5 Chefen / Löwe, 6 Franzose / Syrern, 7 Bayer / Sachse, 8 Grieche / Italienern, 9 Mensch, 10 Sozialpädagoge 11 Herz, 12 Soziologen / Geograf / Landwirten / Architekt / Installateuren

2f 2 einen Löwen, 3 eine Giraffe, 4 einen Elefanten, 5 einen Tiger, 6 einen Eisbären, 7 ein Kaninchen, 8 einen Affen, 9 einen Bullen

3 2 Angestellten, 3 Jugendliche, 4 Angehörige, 5 Abgeordnete, 6 Auszubildende

4 1 Bankräuber / Bankangestellten / Pistole / Jugendliche, 2 Angestellten / Busse / S-Bahnen / Journalisten / Arbeiter / Angestellte / Stundenlohn / Direktors, 3 Ampel / Verkehrsunfall / Tote / Schwerverletzte / Polizeibeamtin / Polizeibeamte / Frau, 4 Syrer / Libanese / Eritreer / Dänen / Deutsche / Italiener / Tschechen / Ungarn / Wege (Weg), 5 Deutsche, Russin / Polinnen / Socken / Pullover / Kissen

Kapitel 8: Präpositionen

1a 2 im, 3 über, 4 um, 5 außerhalb, 6 beim, 7 –, 8 innerhalb, 9 mit, 10 Vor / in, 11 gegen, 12 zu, 13 zwischen, 14 –

1b 2 Am, 3 für, 4 beim / Nach, 5 gegen, 6 Ab, 7 Seit, 8 ab, 9 in, 10 in

1c 2 vor, 3 seit, 4 für, 5 –, 6 –, 7 pro, 8 vom, 9 bis, 10 zum, 11 für 12 in, 13 zwischen, 14 über, 15 Ab, 16 Am

2 2 vor, 3 auf, 4 vor, 5 Auf, 6 Aus, 7 wegen, 8 aus, 9 Auf, 10 Aus, 11 Wegen, 12 Aus

3a 2 in, 3 wie, 4 auf, 5 als, 6 nach, 7 Ohne, 8 außer, 9 unter, 10 für, 11 zu, 12 Durch

3b 2 ihrem, 3 den, 4 der, 5 unseren, 6 welchem, 7 einer anderen, 8 der / der, 9 die / dem, 10 unserer, 11 diese, 12 dem

4a 1 in, 2 an, 3 in, 4 bei, 5 beim, 6 im, 7 in, 8 Bei, 9 in, 10 auf, 11 vor, 12 beim, 13 zu, 14 im (in), 15 im, 16 in, 17 außerhalb, 18 auf, 19 in, 20 beim, 21 an, 22 zu

4b 2 Zu, 3 Beim, 4 Auf dem / im, 5 bei / bei, 6 auf dem, 7 in einem / auf dem 8 an der / im, 9 in der / auf dem, 10 an einer / 11 auf dem / 12 auf dem / im, 13 im / in einem / in einer / zu

4c 2 zu, 3 in / auf, 4 zur / auf, 5 auf, 6 zu, 7 in, 8 zur, 9 auf (zur), 10 an, 11 zum, 12 in, 13 zum, 14 ins, 15 ins (zu) / zur

4d 2 nach, 3 ins / in die, 4 auf den, 5 zum / auf den, 6 nach, 7 in den, 8 in meine, 9 zum, 10 auf den, 11 zu / nach / in die, 12 in die / ans, 13 ins

4e 2 von der / aus, 3 aus der / aus der, 4 Aus dem, 5 vom, 6 von der, 7 aus, 8 Von meinem, 9 Aus der, 10 Von zu

5 2 schon heute Morgen per Fax, 3 seit gestern bei uns im Lager, 4 ab 13.00 Uhr bei uns, 5 gegen 14.30 Uhr direkt auf die Baustelle, 6 bei Erhalt in bar

Kapitel 9: Adverbien

1 1 erst, 2 schon, 3 erst, 4 noch, 5 noch, 6 schon, 7 nur, 8 erst, 9 schon, 10 noch, 11 nur, 12 erst, 13 nur, 14 nur, 15 schon, 16 schon, 17 schon, 18 schon

2a 2 bald / gleich / gerade / früher, 3 damals / kürzlich, 5 zurzeit / früher / plötzlich / öfter, 7 damals / zuletzt, 8 sofort / da, 9 endlich / dann / neulich / gleich, 10 jetzt / zuerst, 11 danach / sofort

2b 2 immer, 3 Ab und zu, 4 übermorgen / vorgestern, 5 werktags, 6 nie, 7 Zuerst / Dann / Schließlich, 8 gleich

3a 2a, 3b, 4b

3b 2 nämlich, 3 trotzdem, 4 deshalb, 5 dennoch, 6 nämlich, 7 darum, 8 trotzdem, 9 trotzdem, 10 nämlich

3c 2f, 3d, 4j, 5a, 6k, 7i, 8l, 9c, 10g, 11e, 12h

3d 2 ich werde nämlich ab August für eine deutsche Firma arbeiten. 3 trotzdem habe ich nichts gelernt. 4 darum war der Unterricht sehr langweilig. 5 wir haben nämlich nur ein Mal etwas unternommen. 6 darum kann man nicht von einem Luxushotel sprechen. 7 darum möchte ich Sie bitten, mir 50 % der Reisekosten zu erstatten.

4a 2 echt, 3 allein / vielleicht / so, 4 ziemlich, 5 höchstens, 6 irgendwie / so, 7 gern, 8 fast / besonders, 9 folgendermaßen, 10 sowieso

4b 2 Natürlich, 3 sehr, 4 gleichfalls, 5 leider, 6 anscheinend, 7 beinahe, 8 höchstens, 9 gar

5a b oben, rechts, vorn(e), c unten, links, vorn(e), d unten, rechts, vorn(e), e oben, links, hinten, f oben, rechts, hinten, g unten, links, hinten, h unten, rechts, hinten

5b 2 draußen, 3 hinten, 4 überall / nirgends, 5 irgendwohin, 6 Oben, 7 vorbei, 8 nebenan, 9 drinnen

6 2 vorhin hier, 3 irgendwie dorthin, 4 gern hier, 5 gleich da, 6 also vorgestern, 7 vielleicht nebenan, 8 damals ganz allein unterwegs, 9 hoffentlich da, 10 nachts draußen, 11 heute Abend zusammen irgendwohin, 12 erst später dahin

Kapitel 10: Satzarten

1a 2 Woher, 3 Wer, 4 Was, 5 Wie lange, 6 Wie, 7 Wem, 8 Wen, 9 Wohin

1b 2 Wie viel, 3 Wie viele, 4 Wie, 5 Wann, 6 Wen

1c 2 Wo wohnen Sie? 3 Welche Ausbildung haben Sie gemacht? 4 Wie viel Erfahrung in dieser Branche haben Sie? 5 Welche sonstigen Qualifikationen können Sie aufweisen? 6 Warum wollen Sie in unserer Firma arbeiten? 7 Wann können Sie bei uns anfangen? 8 Welche Hobbys und besonderen Interessen haben Sie? 9 Welche Gehaltsvorstellungen haben Sie?

1d 2 An wen, 3 Worüber, 4 Womit, 5 Aus wem, 6 Wovon, 7 Zu wem, 8 Woran, 9 Nach wem, 10 An wem, 11, Aus wem, 12 Womit

1e 3 Worum, 4 Woran, 5 Worauf, 6 Wobei, 7 Bei wem, 8 Worüber, 9 Mit wem, 10 Wozu, 11 Mit wem / worüber, 12 Nach wem

1f 2 welchem, 3 Was für ein, 4 was für einem, 5 Welchen, 6 Was für ein, 7 Was für ein, 8 welchem, 9 Was für einen, 10 Was für einen

1g 4 Was für eine Idee ist das? 5 Was für eine Jacke nennt man Anorak? 6 Welche Information ist neu? 7 Welcher Junge wohnt in der Lessingstraße? 8 Wessen Eltern kommen morgen zu Besuch? 9 Was für Personen sind Vegetarier? 10 Mit wessen Auto fahren wir nach Hannover? 11 Was für Probleme sind das? 12 Bei wessen Bruder waren sie?

2a 2 Wohnen Sie in Hamburg? 3 Lebt Ihre Familie auch in Deutschland? 4 Wollen Sie eine Berufsausbildung machen? 5 Haben Sie in Ihrem Heimatland studiert? 6 Gibt es in Ihrer Heimat auch eine duale Berufsausbildung? 7 Mögen Sie das Leben in Deutschland und die deutsche Kultur? 8 Lesen Sie gern Bücher auf Deutsch? 9 Haben Sie Kontakt mit Deutschen? 10 Haben Sie Branchenkenntnisse?

2b 2 Ja, 3 Nein, 4 Nein, 5 Doch, 6 Ja, 7 Nein, 8 Nein, 9 Doch, 10 Nein

2c 3 er hat sich dafür entschuldigt. 4 du kannst dich auf mich verlassen. 5 wir haben nicht mit ihm gesprochen. 6 ich habe mich dafür bedankt. 7 wir haben schon dafür bezahlt.

8 er hat nach dir (Ihnen) gefragt. 9 ich habe mich darüber beschwert. 10 ich habe damit aufgehört. 11 ich halte nichts davon. 12 wir haben uns nicht mit ihnen gestritten.

3a 2 Dort machen wir immer einen Einkaufsbummel. 3 Anschließend gehen wir meistens in der Speicherstadt spazieren. 4 Danach trinken wir einen Kaffee im Café Gnosa. 5 Schließlich fahren wir wieder nach Hause.

3b 2b, 3b, 4a, 5b, 6a, 7b, 8a, 9b

4a 2 Entschuldigen, 3 Macht ihr, 4 Lasst, 5 Unterschreibt Sie, 6 Sein Sie, 7 Ergänzen, 8 Sind wir, 9 Lernt ihr, 10 Umsteigen Sie in Göttingen!, 11 Lesen, 12 Helfen

4b 2 Bezahlen Sie endlich die Rechnung! 3 Seien wir mit dem Ergebnis zufrieden! 4 Lasst mich in Ruhe! 5 Sei nicht so laut! 6 Machen Sie bitte das Fenster zu! 7 Fangen Sie mit Übung 4a an! 8 Gebt nicht so viel Geld aus! 9 Seien Sie nicht so ängstlich! 10 Gehen wir! 11 Habt ein bisschen Geduld! 12 Räum dein Zimmer auf!

4c 2b, 3b, 4a, 5b, 6a, 7b, 8b, 9b, 10a

4d 2 Erhol dich gut in den Ferien! 3 Häng den Mantel bitte an die Garderobe! 4 Sei doch bitte mal leise! 5 Beruhige dich! 6 Lies die Aufgabe vor! 7 Werd(e) endlich erwachsen! 8 Sei lieb zu deinem Bruder! 9 Entschuldige bitte meinen Fehler! 10 Träum etwas Schönes!

Kapitel 11: Nebensätze

1a 2 man rote und blaue Farbe mischt. 3 du kein Geld dabeihast. 4 sie zu einem Meeting muss. 5 er verheiratet ist. 6 sie sich um eine neue Stelle bewerben will. 7 wir im Alter keine finanziellen Sorgen haben.

1b 2 Weil es regnet, gehen wir nicht spazieren. 3 Wo er wohnt, hat er mir nicht gesagt. 4 Bevor der Chef kommt, können wir nicht anfangen. 5 Soweit ich weiß, hat er lange in Leipzig gewohnt. 6 Solange du in der Ausbildung bist, musst du mit wenig Geld auskommen. 7 Dass wir heute ein Meeting haben, wusste ich nicht.

2a 1 ob, 2 dass, 3 dass, 4 ob, 5 dass, 6 wann

2b 2 welche Blutgruppe sie hat. 3 dass er seine Hausaufgaben machen soll. 4 welche Ausbildung er machen soll. 5 ob ich die Wohnungstür abgeschlossen habe. 6 dass wir nicht zu spät nach Hause kommen dürfen. 7 wann der nächste Zug nach Bremen fährt. 8 dass ich in drei Tagen wiederkommen muss.

3a 1 wenn, 2 Wenn, 3 Als, 4 Wenn, 5 Wenn, 6 Als, 7 wenn, 8 Als, 9 wenn

3b 2 solange, 3 kaum dass, 4 ehe, 5 sooft, 6 nachdem, 7 ehe, 8 während, 9 seitdem, 10 bis, 11 sooft, 12 Solange

4 2 Da Lena Deutsch für ihren Beruf braucht, besucht sie einen Deutschkurs. 3 Weil mein altes Fahrrad kaputt ist, muss ich mir ein neues kaufen. 4 Wir essen viele Äpfel, weil Obst gesund ist. 5 Da Tim keine Ahnung von Mathe hat, konnte er die Aufgabe nicht lösen. 6 Ben hat die Prüfung nicht bestanden, zumal er nicht viel gelernt hatte. 7 Ich schwitze, weil ich zum Bus gelaufen bin. 8 Wir wollen die Wohnung nicht mieten, zumal die Miete unglaublich hoch ist.

5 1 obwohl, 2 dass, 3 Falls, 4 wenn, 5 es sei denn, 6 als dass

6a 2 Je älter man ist, desto mehr Erfahrung hat man. 3 Je mehr du lernst, desto leichter ist die Prüfung für dich. 4 Je berühmter eine Schauspielerin ist, desto mehr Honorar kann sie verlangen.

6b 2 indem, 3 wie, 4 Je / umso, 5 Soweit, 6 als, 7 ohne dass

7 2 Marie geht zum Bäcker, um ein Brötchen zu kaufen. 3 Besuch mich doch mal, damit wir uns besser kennenlernen. 4 Der Lehrer gibt uns eine Hausaufgabe, damit wir Nebensätze üben. 5 Tim schickt Emma eine Nachricht, um sie ins Kino einzuladen.

8 2 Obwohl Frau Müller schon sieben Kinder hat, möchte sie noch eins. 3 Wenn du mir heute hilfst, (dann) helfe ich dir morgen. 4 Wenn wir Herbst haben, (dann) geht die Sonne jeden Tag früher unter. 5 Wenn man keinen Führerschein hat, (dann) darf man nicht Auto fahren.

9a 2 die, 3 denen, 4 die, 5 dessen, 6 den

9b 2 Gestern hat mich mein Bruder besucht, den ich lange nicht gesehen habe. 3 Fadi, der in der IT-Branche arbeitet, hat mir ein Computerspiel geschenkt. 4 Den Roman, den ihr mir geschenkt habt, habe ich durchgelesen. 5 Was ist das für eine Stelle, um die Toma sich beworben hat?

Kapitel 12: Satzbau

1 2 richtig, 3 falsch / Korrektur: Dann habe ich, 4 richtig, 5 richtig, 6 falsch / Korrektur: Warum darf er, 7 richtig, 8 richtig, 9 falsch / Korrektur: In Rumänien haben wir

2 2 richtig, 3 falsch / Korrektur: Ich schalte das Licht aus. 4 richtig, 5 falsch / Korrektur: Du hast gestern Abend einen Film gesehen. 6 falsch / Korrektur: Sophie kann heute nicht kommen. 7 falsch / Korrektur: Ich rufe dich später an. 8 richtig, 9 falsch / Korrektur: Ich kann dir helfen.

3a 1 wegen der Party, 2 lang, 3 bei Finn, 4 Pizza, 5 ihm, 6 um Mitternacht, 7 auf den Feierabend

3b 2 Wer? Subjekt, 3 Was? Akkusativ-Objekt, 4 Wem? Dativ-Objekt, 5 Wann? Temporal-Angabe, 6 Warum? Kausal-Angabe, 7 Wie? Modal-Angabe, 8 Was? Subjekt, 9 Wo? Lokal-Angabe, 10 An wen? Präpositional-Objekt, 11 Wer? Subjekt, 12 Wen? Akkusativ-Objekt, 13 Wie oft? Temporal-Angabe, 14 Warum? Kausal-Angabe

4a 1 alle sechs Monate, 2 zum Zahnarzt, 3 danach, 4 nicht zum Deutschkurs, 5 heute um 17 Uhr, 6 im Café Fiedler, 7 heute, 8 im Kurs, 9 am Wochenende, 10 mit dem Zug, 11 nach Berlin, 12 später, 13 im Café, 14 wegen des Schnees, 15 lieber, 16 nicht nach Berlin, 17 möglichst bald 18 auf meinem Handy

4b 2 Ich habe sie gestern bei H&M gekauft. 3 Sie hat zu ihrem Geburtstag ein neues Smartphone bekommen. 4 Haben Sie vorhin ein Taxi bestellt? 5 Hast du das Fleisch heute Morgen aus dem Gefrierschrank genommen? 6 Habt ihr auch den Lärm auf der Straße gehört? 7 Sie hat ihr Auto letzte Nacht aus Versehen vor einer Ausfahrt geparkt.

4c 2 Ja, ich kaufe dir nächste Woche einen USB-Stick. 3 Ich habe ihm schon vor einer Stunde Bescheid gesagt. 4 Die

Mutter hat ihrer Tochter zu Weihnachten (zu Weihnachten ihrer Tochter) ein neues Fahrrad geschenkt. 5 Ich schicke dir direkt nach der Arbeit eine E-Mail. 6 Nhan hat seiner Mutter am Montag (am Montag seiner Mutter) einen Brief geschrieben. 7 Warum kaufst du mir heute keine Schokolade? 8 Malaika hat dem Gast versehentlich statt des Kaffees einen Tee gebracht. 9 Ich kann Ihnen den Weg ganz genau beschreiben.

4d 2b, 3a, 4b

5 2 nicht: 2, 3 nicht: 3, 4 nicht: 2, 5 nicht: 2, 6 nicht: 2, 7 nicht: 3, 8 nicht: 3, 9 nicht: 2, 10 nicht: 2

6a 3 Nein, wir haben keine Getränke mitgenommen. 4 Nein, ich war nicht mit dem Auto in der Werkstatt. 5 Nein, wir haben die Waschmaschine nicht ausgeleert. 6 Nein, ich habe keine Spiele eingepackt. 7 Nein, die Wohnungstür ist nicht abgeschlossen. 8 Nein, ich habe die Blumen nicht gegossen. 9 Nein, wir haben unsere Reisepässe nicht dabei. 10 Nein, wir haben keinen Regenschirm eingepackt. 11 Nein, wir sind nicht aufgeregt. 12 Wir wollen aber nicht wieder nach Hause.

6b 2 nicht: 3, 3 nicht: 3, 4 nicht: 3, 5 nicht: 3, 6 nicht: 3, 7 nicht: 2, 8 nicht: 2, 9 nicht: 3, 10 nicht: 3, 11 nicht: 2

7 2 auf der anderen Seite dauert es dann sehr lange, bis er Geld verdienen kann. 3 als auch ihren Bruder Ben. 4 oder wir kommen zu spät zum Essen bei Oma und Opa. 5 sondern auch ein hervorragender Gitarrist. 6 aber ich bleibe lieber zu Hause, denn ich habe Kopfschmerzen. 7 oder Sie erstatten mir den Kaufbetrag. 8 andererseits ist die Miete ein bisschen zu hoch. 9 sondern auch hilfsbereit. 10 noch Nudeln noch Reis. 11 oder Max oder Jan.

Bildquellen

Cover: Andrey Popov/fotolia.com; **S. 14** Jan Kocovski/telc gGmbH; **S. 20** Photographee.eu/fotolia.com; **S. 22** stormpic/fotolia.com; **S. 25** (1) eyetronic/fotolia.com; (2) chones/fotolia.com; (3) Inga Nielsen/fotolia.com; (4) Obak/fotolia.com; (5) nesavinov/fotolia.com; (6) tomispin/fotolia.com; **S. 32** (obere Reihe) robsonphoto/fotolia.com; Syda Productions/fotolia.com; Voyagerix/fotolia.com; (mittlere Reihe) sowanna/fotolia.com; Monkey Business/fotolia.com; lightcache/fotolia.com; (untere Reihe) archideaphoto/fotolia.com; koldunova/fotolia.com; sedatseven/fotolia.com; **S. 33** (1) digitale-fotografien/fotolia.com; (2) Sinuswelle/fotolia.com; (3) vitec40/fotolia.com; (4) ArtHdesign/fotolia.com; (5) Daniel Strauch/fotolia.com; (6) Marco2811/fotolia.com; **S. 40** contrastwerkstatt/fotolia.com; **S. 42** wellphoto/fotolia.com; **S. 47** Maridav/fotolia.com; **S. 57** (Zugspitze) Hans und Christa Ede/fotolia.com; (Karte Bundesländer) kartoxjm/fotolia.com; (Brandenburger Tor) ArTo/fotolia.com; **S. 66** (1) Wolfgang Kruck/fotolia.com; (2) Pavlo Burdyak/fotolia.com; (3) gon4/fotolia.com; (4) Still & Motion/fotolia.com; (5) K.-U. Häßler/fotolia.com; (6) realpicture/fotolia.com; (7) kirahoffmann/fotolia.com; (8) Vladimir Wrangel/fotolia.com; (9) goldencow_images/fotolia.com; **S. 76** Andrey Popov/fotolia.com; **S. 81** Jan Kocovski/telc gGmbH; **S. 91** Jan Kocovski/telc gGmbH; **S. 93** kameraauge/fotolia.com; **S. 95** luckybusiness/fotolia.com; **U4** Jan Kocovski/telc gGmbH